소통 좀 잘하고 싶어

스피치 컨설턴트 김대성 원장의 커뮤니케이션 수업

소통 좀 잘하고 싶어

초판 1쇄 발행 2024년 9월 15일

지은이 김대성
편집인 옥기종
발행인 송현옥
펴낸곳 도서출판 더블:엔
출판등록 2011년 3월 16일 제2011-000014호

주소 서울시 강서구 마곡서1로 132, 301-901
전화 070_4306_9802
팩스 0505_137_7474
이메일 double_en@naver.com

ISBN 979-11-93653-18-0 (13320)

스피치 컨설턴트 김대성 원장의

커뮤니케이션 수업

소통 좀 잘하고 싶어

김대성 지음

더블:엔

소통은 관계를 통해 이루어진다

20년이 넘는 세월 동안 소통 강연과 스피치 수업을 하면서 수많은 사람들을 만났다. 대부분 가정에서 직장에서 사회단체에서 말하기와 소통이 잘 안 되어서 어려움을 겪고 있거나 좀 더 잘해서 자신의 가치를 빛내고 싶은 사람들이었다. 수업을 하면서 참 많이 듣게 되는 말은 이것이다.

"어떻게 하면 되는지 방법은 알겠는데 적용해서 실천하기가 너무 어려워요. 무엇이 문제일까요?"

"이론은 다 맞는 말인데 현실은 그렇지가 않아요. 나 혼자만 잘한다고 되는 게 아니더라고요. 상대방이 따라줘야 하는데 답답하고 괴로워 죽겠어요."

소통 잘하는 방법이나 스피치 잘하는 기술을 몰라서 못하는 줄 알았는데 알고 나서도 여전히 문제가 해결되지 않는다는 것이다. 나는 문제가 없는데 상대방이 문제라서 소통이 안 된다는 것이다.

답답한 심정은 충분히 이해가 간다. 또 일정 부분 맞는 말이기도 하다. 하지만 전부는 아니다. 오랜 시간 현장에서 소통과 스피치를 지도하면서 느낀 부분은 기술과 방법만으로는 해결할 수 없다는 것이었다.

스피치, '말'은 생각을 표현하는 도구다. 말이라는 도구를 다루는 기술과 방법도 중요하지만 그 이전에 말이 되는 '생각'을 잘하는 능력이 필수다. 생각은 경험을 통해 깨닫게 되었을 때 탄생한다. 고로 무엇을 어떻게 경험하느냐와 그 경험을 통해 무엇을 발견하고 배우느냐가 관건이다. 물이 있어야 물을 마실 수 있듯이 생각이 있어야 생각을 표현할 수 있을 것이 아닌가. 하지만 생각의 중요성을 간과하기가 일쑤이고 설령 알고 있다 하더라도 경험을 통해 내 생각을 만들고 상황에 맞게, 상대에 맞게, 주제에 맞게 잘 활용하는 것이 말하는 기술과 방법을 배우는 것보다 훨씬 어렵다.

'소통'의 원리도 마찬가지다. 소통의 도구는 듣기와 대화다. 경청을 잘하는 기술과 대화법을 아는 것도 중요하지만 그 이전에 이해와 신뢰가 바탕이 되어야 한다. **소통은 관계 속에서 이루어진다. 소통의 문제는 관계의 문제이다.** 관계의 문제는 사람의 됨됨이, 즉 **그릇의 크기**의 문제이다. 아무리 경청을 잘하는 법과 대화법을 배웠다 하더라도 그릇이 작으면 담을 수도 없고 쓸 수도 없다. 또한 신뢰가 없는 말과 행동은 곧이들리지 않을 뿐더러 위선으로 느껴진다.

잘 받아야 잘 줄 수 있는 법이다. 잘 받으려면 자기 이해를 통해 삶의 중심을 잡고 안정감을 가져야 한다. 자기 이해를 한다는 것은 내가 원하는 삶의 모습은 무엇인지, 왜 그런 삶을 중요하게 생각하는지, 그럼 내가 하는 일의 의미는 무엇이고 그것을 실현하는 내 존재의 의미는 무엇인지, 나와 함께하는 사람들과의 관계는 어떤 의미가 있는지, 그럼 나는 어떻게 해야 하는지를 명확하게 아는 것이다. 이러할 때 우리는 내면이 단단한 사람, 세상의 자극으로부터 쉽게 흔들리지 않는 사람이 되어 건강한 삶으로 나아가게 된다. 이것이 소통이 잘 되는 모습이라고 자부한다.

그러하기에 나는 수업과 강연을 통해 이러한 내용을 펼쳐

나가고 있다. 기술과 방법을 배우려온 사람들이 처음에는 의아해하다가 점차 근본 원인이 무엇인지를 깨닫고 패러다임의 전환이 일어나며 받아들이게 된다. 삶의 의미와 존재의 의미를 찾고 실현하기 위해 노력하다 보니 자신의 삶이 바뀌었고 그로 인해 주변 사람과 환경이 달라졌다는 얘기를 전하며 잔뜩 고무된 모습을 보면 뿌듯함을 느낀다.

물론 이 과정이 결코 쉽지 않다. 현장에서는 가르칠 수 있는 것과 가르칠 수 없는 것이 있다. 배우는 입장에서도 배울 수 있는 것이 있고 배울 수 없는 것이 있다. **아이러니하게도 가르칠 수 없는 것과 배울 수 없는 것이 큰 변화를 일으킨다. 나의 그릇을 깊고 크게 만드는 일이 이에 속한다.**

스피치를 잘하는 방법과 기술은 나의 책《말 좀 잘하고 싶어》에서 충분히 다루었다. 이 책에는 '가르칠 수 있는 것'과 '배울 수 있는 것' 중심으로 썼다. 기술과 방법을 찾는 사람은 이 책을 통해 도움을 받을 수 있을 것이다.

이번 책에서는 '소통'을 함에 있어 '가르칠 수 없고 배울 수 없는 것'을 썼다. 〈나를 흔들리게 하는 것〉〈나를 단단하게 하는 것〉〈다시 소통의 바다로〉 순으로 구성했다. 순차적으로 읽어 나가도 되고, 읽고 싶은 부분부터 읽어도 상관없다.

나를 흔들리게 하는 것을 뒤집으면 나를 단단하게 하는 것이 되고, 나를 단단하게 하는 것을 뒤집으면 나를 흔들리게 하는 것이 된다. 이 둘을 잘 풀어서 적용하면 소통의 바다를 이룰 수 있다.

　　지금까지 소통 강연과 수업을 들었던 사람들이 많은 영향을 받았고 삶이 달라지는 계기가 되었다고 얘기해준 내용들을 뽑아서 실었다. 자신을 비추어보고, 깊게 이해하는 과정을 통해 스스로 삶의 문제에 대한 답을 찾아가길 바란다.

　　우리를 행복하게 만드는 것도 사람이고, 우리를 가장 힘들게 만드는 것도 사람이다. 관계의 질이 삶의 질을 좌우한다. 아무리 튼튼한 씨앗이라도 땅이 비옥하지 못하면 잘 자랄 수 없듯이 삶의 의미와 존재의 의미라는 그릇을 제대로 만들지 못하면 건강한 관계라는 열매를 거둘 수 없다.

　　이 책을 통해서 소통의 주체인 나의 내면을 단단하게 하여 소소한 일상 속에서 소중한 사람들과 행복한 순간들을 만들어 나가는 진정한 주인공이 되기를 희망한다.

CONTENTS

PART 01

나를 흔들리게 하는 것

소 통 을 가 로 막 는 것 들

하마터면 화낼 뻔했다

상대방이 왜 그랬는지 사정도 모르고
덜컥 화부터 내면서 정상적인 소통이 가능할까?

식당에서 저녁을 막 먹기 시작하는데 카톡이 왔다. 카페에서 일하고 있는 둘째가 보낸 것이었다.

'아빠 아빠 아빠'

'미리 연락 할라고 했는데 바빠서 이제야... 지금 잠깐 나올 시간 되나. 나 약이 없어서 그러는데 병원에 가서 약 좀 타다 주면 안 될까.'

긴박함이 느껴지는 문자에 순간 짜증이 확 밀려왔다.

현재 시간 5시 20분, 서둘러 저녁 먹고 6시까지 막내를 태우러 학교로 가야 한다. 픽업해서 독서실 데려다주고 7시 내 강의시간에 맞추려면 빠듯한데 난데없이 둘째의 돌발 상황이

발생한 것이다. 게다가 그저께 토요일, 병원에 가야 하니까 일찍 일어나는지 확인해달라고 해서 확인까지 했는데 기어코 가지 않아서 이런 사달이 난 것이다.

하지만 급한 상황은 해결해야겠기에 함께 밥을 먹고 있던 실장한테 양해를 구하고 바로 병원으로 향했다. 서두르면 시간 맞춰 다 할 수 있겠다 싶었다. 밥 먹다 말고 일어서야 했던 실장은 또 얼마나 황당했을꼬.

병원에 도착해 보호자가 대신 약을 받으러온 사정을 설명하고 처방전을 요청했는데 환자 본인이 아니면 안 된다고 했다. 환자가 직접 올 수 없는 상황이고 지금 많이 힘들어한다고 간청을 해봤지만 소용없었다. 일이 뜻대로 되지 않으니 예전에 있었던 이와 유사한 일들이 겹쳐서 떠올랐다. '왜 이렇게 스스로 할 일을 딱딱 못하지?' 하는 답답함, '약이 없으면 밤새 힘들 텐데' 하는 안타까움과 화가 치솟아 올랐다.

어쨌든 현재 상황을 알려줘야 하겠기에 숨고르기를 하고 전화를 했지만 받지 않는다. 카톡으로 상황을 전하고 마지막에 물었다.

'토요일에 왜 병원에 안 갔지?'

화를 내더라도 전후 사정은 알고 하는 것이 우선이라는 생각이 들어서였다. 조금 시간이 흐른 후 답이 왔다.

'고마워. 할 수 없지 뭐'

'빨래하고 간다고 시간이 늦었지'

'빨래는 해야지'

'오후에 다른 일정이 있었거든'

'내 약 없는데 어쩌지'

순간 미안하고 아찔한 마음에 심장이 툭 떨어지는 것 같았다. 토요일에 1박 2일 일정으로 교육 프로그램이 잡혀있어서 일찍부터 집을 비워야 했다. 가장 신경 쓰였던 것이 막내 교복 빨래였다. 그래서 둘째에게 부탁을 했던 것이다. 다행히 이번 토요일이 휴무라서 그렇게 하겠다고 했다. 아침에 빨래를 해 놓고 병원에 가도 되겠다 싶었는데 시간을 맞추지 못했던 것이다. 아빠 부탁과 동생을 위하느라고 정작 자신에게 필요한 병원에는 늦어서 못간 것이다.

만약 이런 사정을 알아보지도 않고 내 감정에 못 이겨서 덜컥 화를 내며 야단을 쳤더라면 어떻게 되었을까?

약이 없어서 걱정되고 힘들어하는 자신을 헤아리는 것은

고사하고 멋대로 생각하고 함부로 행동한 아빠의 모습에 얼마
나 억울하고 큰 상처를 받았을까. 어떻게 회복할 수 있을까.

이후 과연 정상적인 소통이 가능할까?

우리 삶에는 시시때때 '숨고르기'가 필요한 순간이 많다.
전후사정도 알아보지 않고 현상만을 놓고
화를 내는 일이 많지는 않았는지 생각해볼 일이다.

미리 판단해버리는 습관

상황을 통제하고 싶은 욕구는

결과에 대해 지나치게 기대하게 한다.

어떤 일이 일어나면 결과만으로 판단하는 경우가 많다.

결과 : 병원에 가야 했는데 가지 않았다.

가지 못한 사정을 알아보려 하지 않고 가지 않은 이유를 마음대로 상상하고 사실인 양 단정짓는 것이다.

눈은 떴는데 침대에서 일어나기 싫어서 뭉그적거리다가 늦었겠지. 아니면 5분만 더 자고 일어나야지 했다가 계속 잤을까. 병원 가기 귀찮아서 안 갔을 수도 있겠네. 이런 정신 상태로 무슨 일을 똑바로 할 수 있겠어. 이런 생각들이 꼬리에 꼬리를 물면서 점점 기정사실화해나간다.

여기에 한몫 더하는 것이 평소에 가지고 있던 선입견이다.

약속 시간이 다 되어서야 부랴부랴 준비하며 허둥대던 모습, 꼭 한 가지씩 빠뜨리고는 갖다달라고 했던 일들, 해야지 해야지 말만 하다가 결국 안 했던 일들, '내가 알아서 할게' 해놓고는 미루던 모습들을 떠올리면서 '왜 자기 일을 알아서 딱딱 못할까' 라는 답답한 마음에 새겨진 이미지가 지금 일어난 일을 판단하는데 기준이 되어 작용하는 것이다. 이번에도 또 그랬겠지 라는 식으로 말이다.

그러다 보면 감정이 요동을 친다. 감정은 기대와 밀접한 관련이 있다. 가능성에 대한 기대는 자기 동기로 작용하여 발전의 원동력이 되지만 결과에 대한 지나친 기대는 욕심이 되어 나와 주변을 힘들게 만든다. 둘째가 병원에 가서 문제를 해결했기를 바라는 것과 병원에서 보호자에게 처방전을 주기를 바라는 것이 결과에 대해 기대하는 상황이다.

결과에 대한 기대는 상황을 통제하고 싶은 욕구에서 비롯된다. 내 마음에 들도록 만들고 싶은 마음이 강한 것이다. 원하는 대로 되지 않으면 받아들이지 못하고 욕구불만 상태가 되어 감정이 상한다. 감정은 생각에 영향을 미치고 생각은 말과 행동으로 나타난다. 일어난 상황을 결과에 맞추어 짜깁기를 하여 왜곡된 대본을 완성한 후 불만의 화살을 상대방에게 날려버린다. 이런 나의 행동을 스스로 합리화하면서 말이다. **마땅히 그 상황에서 할 만한 말과 행동이었다고 생각하기에 상대방에게 상처를 줬다는 인식을 하지 못한다.**

하지만 정말 그러한가. 앞의 상황처럼 둘째에게는 충분히 그럴 만한 사정이 있었고 나름대로 최선을 다해 아빠와 동생의 입장을 생각하며 이타적으로 행동했는데 알아주기는 고사하고 돌아오는 건 원망과 야단뿐이라면, 얼마나 기가 막힐 노릇인가. 이렇듯 상처 준 사람은 없고 상처 받은 사람만 있는 일들이 살아가면서 얼마나 많이 일어나는가.

∙ ∙ ∙

가능성에 대한 기대는 자기 동기로 작용하여 발전의 원동력이 되지만 결과에 대한 지나친 기대는 욕심이 되어 나와 주변을 힘들게 만든다. 왜곡된 대본으로 상대에게 상처를 주고, 그것을 알아차리지 못하면, 상처를 준 사람은 없고 상처 받은 사람들만 가득한 세상이 되고 만다.

기대가 지나치면 상처받는다

행위에 대한 건강한 기대와

결과에 대한 지나친 기대는 다르다.

상처를 받을 때면 가시가 하나 추가로 돋아난다.

처음에는 다친 곳이 찢어지고 뭉개져 피딱지가 생긴 채 노출되어 있다가 또다시 자극이 가해지면 덧나고 상처가 깊을 대로 깊어져 급기야는 미세한 바람에도 극심한 고통으로 이를 악문다. 고통에서 벗어날 방법, 스스로를 지키고 살리는 방법을 찾기 위한 모진 마음은 '가시'가 된다. 모진 마음은 또 다른 모진 마음을 만들기에 하나둘 듬성듬성 있던 가시들은 세월의 흔적만큼, 상처받은 인생의 상흔이 되어 빽빽이 감싸 가시 갑옷을 만든다. 잔뜩 웅크린 채 순풍에도, 사나운 바람에도 날카롭고 단단한 가시를 곤두세운 채 안으로 안으로 숨어든다. 자신을 고통의 괴로움에서 지키고자 했던 바람이 세상과 단절하고 마는 인간 고슴도치가 되고 만다.

작은 실수조차 해서는 안 된다는 강박은 암세포가 되어 정상적인 세포를 공격해서 사멸시켜버린다. 살아남은 세포들은 연합하여 방어벽을 쌓고 또다시 시작될 공격에 대비하여 두려움이라는 씨앗을 발아시켜 공격적인 자세를 키운다. 방어와 공격성이라는 가시를 만드는 것이다. 누구에게나 이런 가시들이 있겠지만 지나치면 결국 스스로를 고립시켜 정상적인 삶이 어려워진다.

인간은 쉽게 상처를 받는다. "무심코 던진 돌에 개구리는 맞아 죽는다"는 말이 있는 것처럼, 인간이란 지나가는 말 한마디도 그저 흘려보내지 못하고 마음에 꼭꼭 담아두면서 상처를 만들고 키운다. 모든 시선이 나의 행동 하나하나에 집중되어 있는 것 같고, 하는 말들은 모두 나에 대해 이러쿵저러쿵 하는 것 같아 신경이 곤두서서 마음이 편하지 않다.

사람을 약하게 만들어 세파에 쉬 흔들리게 하는 것들은 참 많다. 그중에서 큰 영향력을 발휘하는 것이 바로 '기대' 라는 것이다. 행위에 대한 건강한 기대는 설레면서도 강력한 동기로 작용하여 성장의 원동력이 되지만 결과에 대한 지나친 기대는 집착과 불안을 키워 스스로를 옥죄는 굴레가 되고 만다. 넘어지지 않고 일어설 수 있는 법을 배울 수 없듯이 어떻게 내가 원하는 결과만으로 내 인생을 만들어나갈 수 있겠는가. 하지만 세상을 살아가는 우리 마음은 그렇지 못한 것 같다. 꽃길만 걷고 싶고, 세상 사람들이 다 나를 좋아했으면 좋겠고, 나의 행위들을 다 이해하고 긍정해줬으면 하는 기대를 갖고 있는 것 같다. 그렇기에 지나가는 말도 가벼이 흘려보내지 못하고 미세한 반응 하나에도 쉽게 상처를 받고, 또 속에 넣어두고 키우면서 스스로를 괴롭히는 것은 아닐까? '나라면 그렇게 안 할 텐데'라고 하면서 말이다.

그렇다면, 세상과 단절시키고 다가오는 사람들은 누구든 찔러대는 가시 갑옷이 나를 따뜻하게 감싸고 주위 사람들도 보드랍고 포근하게 기댈 수 있는 털이 되기 위해서는 어떻게 하면 될까?

바로 앞에서 언급한 내용을 나뿐만 아니라 다른 사람에게도 그대로 적용하는 것이다. 다른 사람도 나처럼 쉽게 상처 받는 사람이구나, 그래서 몸에 가시가 생겨나 있구나, 나만큼 세상과 사람들에 대한 기대가 크구나, 그것이 뜻대로 되지 않아

두려워하고 고통 받고 있구나, 라고 말이다. 인지상정이라고 비슷한 처지에 있는 사람들은 마음과 뜻이 훨씬 잘 통하게 마련이니까.

　그러면서 마음자리를 조금씩 넓혀나가는 노력을 해보는 것이다. 그 방법은 **분리와 존중**에서 출발된다. 다른 사람이 나에게 듣기 싫은 소리를 하더라도 '나 때문에 일이 이렇게 되어 원망하거나 잘못했다고 생각해서 저러는구나' 라고 생각하기에 앞서 '저 사람도 이번 일에서 자기 나름의 기대가 있었을 텐데 그것이 잘 안 되어서 스스로에게 속이 상해서 저러는구나, 나를 콕 찝어서 말하는 게 아니라 뜻대로 잘 되지 않아서 속이 상하다고, 그래서 아프다고 스스로에게 외치는 소리구나, 그 소리가 지금 내 귀에 들릴 뿐이구나' 라고 받아들이는 것이다. 감기에 걸리면 자연스럽게 기침이 튀어나오는 것처럼 말이다.

　설령 직접적인 연관이 있다고 하더라도 결과와 상대의 반응을 분리해서 받아들이는 노력을 해야 한다. 왜냐하면 결과와 반응을 분리하지 못한다면 나에게 남아 있던 기대심리가 억한 감정을 만들어 상대의 반응을 고깝게 받아들이도록 하기 때문이다. 예를 들어 상대방이 "그때 중간에 네가 한 번 더 확인을 했더라면 일이 이렇게까지 되진 않았을 거야!"라며 나에게 소리를 치는 상황이라고 생각해보자. 잘못된 결과에 대해 나에게만이 아니라 그렇게 하지 못한 본인에게도 속이 상해서 짜증을 내고 있다. 누구보다도 이번 일에 대한 기대가 컸을 수도 있다. 그래서 평소와 다르게 날카로워졌거나 본래 화를 잘 내는 사람일 수도 있다. 상대의 반응을 나와 분리해서 생각하지 못하면 이렇게 전개가 될 것이다.

'일이 잘못된 것이 나 때문이라고 비난하는구나. 그럼 중간에 확인이 필요한 걸 알았으면 그 당시에 말을 하거나 본인이 하면 됐잖아. 자기도 안 해놓고 왜 내 탓만 하는 거지? 그래도 나는 그동안 열심히 하고 고생한 걸 알기에 속이 상하지만 아무 말 안 하고 삭히고 있는데, 해도 해도 너무 하네. 누군 성질 없는 줄 알아?'

그 이후는 어떻게 되겠는가. 본질과 무관한 감정 대립으로 2차 전쟁이 시작되어 서로를 할퀴고 물어뜯게 되지 않겠는가.

분리하는 모습이 이기적인 행태로 느껴질 수도 있다. 분리는 '나랑 상관없다'가 아니다. '너는 너고 나는 나다'도 아니다. '너를 너이게 하고 나를 나이게 하는 마음'이다. 우리는 모두 불완전한 존재이기에 충분히 그럴 수 있다는 '존중'을 전제로 하는 큰 모습의 발로가 분리이다. 불이 나면 불길을 잡으려고 불 속으로 들어가서는 안 된다. 바깥에서 꺼야 한다. 큰불을 잡고 난 후 잔불 정리를 할 때 들어가야 또 다른 피해를 막을 수 있다. 이렇게 해야 화재의 원인을 찾을 수 있는 것처럼, 우리 일상에서의 많은 일들도 그렇다.

분리와 존중의 중요성 : 분리와 존중이 있을 때 우리의 가시는 '소리에 놀라지 않는 사자와 같이, 그물에 걸리지 않는 바람과 같이, 흙탕물에 물들지 않는 연꽃과 같이' 보드랍고 포근한 털이 될 수 있다.

부정적인 감정은 왜 더 힘이 셀까

나의 어떤 생각이 지금 이 감정을 일으키는지
감정을 알아차리는 연습이 필요하다.

감정이 없거나 잘 느끼지 못한다면 어떻게 될까? 흔히 피도 눈물도 없는 사람, 바늘로 찔러도 피 한 방울 안 나올 사람, 사회성이 부족한 사람이라고 불리는 이들은 타인의 감정을 공감하는 능력이 없기에 인간관계와 사회생활을 하는데 많은 문제를 일으킨다. 교감할 수 없기에 소통 자체가 안 된다.

감정은 우리가 무언가를 하도록 강력한 동기부여를 해주지만 이런 선기능만 갖고 있는 것은 아니다. 분노, 슬픔, 공포, 불안 등 부정적인 감정은 한순간에 우리의 소중한 삶을 파괴해버리는 무서운 힘으로도 작용한다. 실제 긍정적인 감정보다는 부정적인 감정을 느끼는 비율이 3대 7로 두 배 이상 더 많다는 연구 결과도 있다. 나 또한 앞의 상황에서처럼 감정에 자유로울 수 없기에 힘들고 괴로운 순간을 많이 겪는다.

그럼, 어떻게 하면 감정의 노예가 되어 휘둘리지 않고 나의 삶을 살아갈 수 있을까?

덴마크 출신의 심리상담사 일자 샌드는 그녀의 책《서툰 감정》에서 "일어나는 감정은 통제할 수 없지만 우리의 어떤 생각이 지금의 감정을 일으키는지를 살펴보고 조정함으로써 감정의 지배로부터 벗어날 수 있다"고 말한다. 우리가 감정을 잘 다루지 못하는 이유는 "지금 일어나고 있는 나의 감정이 어떤 것인지 분명하게 알아차리지 못하기 때문이다." 누군가가 화를 낼 때 반드시 분노해서만 그런 게 아닐 수도 있다는 것이다. 불안하거나 두려울 때도 화를 낸다. 게다가 어떤 일이 일어났을 때 느낀 처음의 감정에 그 상황에 대한 나의 생각이 작용하여 감정이 눈덩이처럼 커지기도 한다. 같은 상황이라도 '나에게 어떻게 그럴 수 있지? 나를 뭘로 보고!' 라고 생각할 때와 '그럴 만한 이유가 있겠지. 그럴 수밖에 없었을 거야' 라고 생각할 때 일어나는 감정은 전혀 다르다. 전자의 경우 안 좋은 감정 상태에서 순간적으로 뒤따른 생각이 감정을 더 키워 급기야는 분노로 폭발하게 된다. 하지만 후자의 경우는 처음에 느낀 안 좋은 감정이 뒤따른 생각에 의해 걱정 또는 연민의 감정으로 변해서 화를 내기보다는 한 발 다가가서 무슨 일이 있는지 걱정스럽게 물어보게 될 것이다. 같은 상황, 전혀 다른 결과다.

감정을 다스리는 예방약은 생각이다. 감정에는 치료제가 없다. 다만 예방약으로 초기 증상을 조절할 수 있을 뿐이다. 예방약을 잘 쓰기 위해서는 일어난 상황을 내 기준에 의거해 판단해서는 안 된다. 특히 자의적으로 하게 되는 부정적인 해석은 불길 가까이에 있는 휘발유와 같다. 화마가 휩쓸고 간 자리에 남는 것은 재뿐이다. 회복하려면 처음의 몇십 배, 몇백 배의 노력이 더 필요해진다. 반면 일어난 상황을 있는 그대로 받아들이면서 이해하려는 생각을 먼저 할 때 우리의 감정은 따뜻한 온기가 되어 주위를 감싸게 할 것이다.

＜・・・＞

긍정적인 감정보다 부정적인 감정을 느끼는 비율이 월등히 높다. 우리의 어떤 생각이 지금의 감정을 일으키는지를 살펴보고 조정함으로써 감정의 지배로부터 벗어날 수 있다.

감정 표현이 너무 서툴러서

몸만 어른이고 감정은 여전히 어린아이라면
당신에게는 감정을 다스리는 연습이 필요하다.

화가 많은 사람은 자신의 감정을 다루는데 미숙하기 마련
이다. 섭섭하면 섭섭해, 걱정되면 걱정돼, 속상하면 속상해, 두
려우면 두려워, 라고 느끼는 감정을 그대로 표현하지 못하고
화부터 먼저 낸다. 올바르게 감정을 다루는 방법을 배우지 못
한 채 화부터 먼저 내는 것을 학습했기 때문이다.

나도 마찬가지다. 누군가 잘못을 하거나 실수했을 때, 걱정
되어서 전화했는데 연락이 안 될 때, 내 잘못으로 미안한 마음
을 갖고 있는데 책망의 말을 듣게 될 때, 설레는 마음에 약속
시간보다 일찍 나갔다가 상대가 5분 늦게 나왔을 때 등등 실
망, 걱정, 미안함, 제풀에 지쳐 화부터 먼저 내는 바람에 일이

나 관계가 뒤틀려버린 경험이 헤아릴 수 없이 많다.

혈기 왕성했을 때는 그런 모습이 대수롭지 않았는데 조금씩 나이를 먹다 보니 화가 많을수록 나 자신이 초라해지고 못나 보인다. 살아온 세월만큼, 늘어난 흰머리만큼 마음이 넉넉해져야 하는데 몸만 어른이고 감정을 다루는 데는 여전히 어린아이 상태에서 벗어나지 못한 것 같다.

원하는 삶의 모습이 되기 위해서는 자신이 느끼는 감정을 잘 다룰 수 있어야 한다. 기분이 나쁘거나 화가 날 때 즉각적으로 분출하기보다는 지금 내가 느끼는 감정이 무엇인지 살펴보고 알아차리는 훈련을 평소에 해야 한다.

부엌에서 아내가 설거지를 하다가 접시를 떨어뜨려 깼다. 쨍그렁 하는 소리와 함께 아내의 비명소리가 들려온다. 거실에서 편안하게 TV를 보고 있던 남편이 놀라서 소리친다.

"뭔 일이야?" 또는 "뭐야, 그것도 똑바로 못하고 또 깼어?"

이후 집안 상황은 어떻게 될까? 깨진 접시와 같은 꼴이 될 것이다. 큰 소리로 화를 낸 남편은 어떤 감정을 느꼈을까? 접시 깨지는 소리와 비명소리에 깜짝 놀랐을 것이다. 아내가 다쳤을 것 같아 걱정과 두려움을 느꼈을 것이다. 갑작스런 일에 당황하고 짜증도 났을 것이다. 놀람과 걱정, 두려움과 당황스러움,

짜증이라는 다섯 가지 감정이 복합적으로 일어나지 않았을까?

감정을 잘 다루는 사람이라면 아마 이 순간에 아내에게 달려가면서 이렇게 표현하지 않았을까?

"당신 괜찮아? 안 다쳤어?"

아내가 괜찮으면,

"나 정말 깜짝 놀랐어."

다쳤으면,

"파편 없는 쪽으로 와봐. 어디, 얼마나 다쳤는지 보자."

이런 모습이 아닐까. 아내 또한 안정된 분위기 속에서 실수에 대한 속상함, 남편에 대한 다정함과 고마움, 자신의 상태에 대한 안도감이라는 다양한 감정들을 있는 그대로 느끼는 경험을 하게 될 것이다. 이런 가정 환경은 자식에게도 고스란히 학습되어 자신의 감정을 느끼고 다루는 능력이 키워진다.

감정을 잘 다루기 위해서는 우선 다양하게 느끼는 감정들을 하나하나 찾아내어 적어봐야 한다. 감정의 종류와 이름을 모르는 상태에서 감정을 알아차린다는 것은 산에서 고래를 잡으려는 것과 같다. 그런 다음 욱하고 올라올 때마다 바로 폭발하지 말고 내가 느끼는 감정들을 살펴봐야 한다. 앞에서 살펴본 바와 같이 하나의 상황에 하나의 감정만을 느끼는 것이 아니라 여러 가지 감정들이 복합적으로 얽혀 있기 때문이다. 그러면서 두려워하거나 걱정되는 것 또는 원하는 것이 무엇인지 파악하는 것이 중요한데 이것이 어렵다. 그래서 평소 많은 훈련이 필요한 것이다.

그런 후 화를 내는 것이 아니라 내가 느끼는 감정을 있는 그대로 표현하는 연습을 해야 한다. 이때 목소리의 어조, 표정, 눈빛 등이 격양되거나 험난해져서는 안 된다. 아무리 말의 내용이 온순하다고 해도 전달하는 목소리와 표정이 그렇지 않으면 상대방은 말의 내용과는 상관없이 화를 내고 있다고 받아들이기 때문이다.

화가 많은 사람, 화부터 내는 사람은 자신의 감정을 잘 다루지 못하는 사람이다. 감정을 잘 다루기 위해서는 내가 느끼는 다양한 감정들을 적어보자. 알아차리고, 있는 그대로 표현하는 연습이 필요하다.

잠시의 비난을 막아줄 핑계

핑계를 대고 싶은 유혹은

늘 힘이 세다.

핑계는 일상에서 가장 흔하게 나타나는 자기 방어 기제이다. 난처한 상황, 잘못한 행동, 부끄러운 모습, 곤란한 상황 등 원하지 않은 상태가 일어나면 부딪쳐 해결하기 보다는 모면하고 싶은 마음이 앞선다. 그럴 수밖에 없었던 나름의 사정들을 끌어들여 정당성을 확보하여 나를 구제하려고 한다. 상처받기 싫어하는 애처로운 인간의 마음을 잘 대변해주는 것 같다.

하지만 핑계가 잠시나마 나에게 쏟아지는 비난을 막아줄 수는 있을지 몰라도 종국에는 신뢰를 잃게 만들어 더 안 좋은 상황에 처하게 만든다. 누구나 실수나 잘못을 할 수 있다. 그렇기에 이해할 수 있고 용납할 수 있다. 하지만 잘못에 대해 책임을 지려 하지 않거나 오히려 남 탓을 하며 책임을 떠넘기려 하는 모습을 보일 때 우리는 실망을 넘어 분노하거나 경멸하게 된다. 꼴도 보기 싫어지는 것이다.

예전에 있었던 일이다. 일과를 마친 후 술을 과하게 마시고 집에 왔는데 둘째가 안 자고 있었다. 하는 일의 특성상 출근 시간이 일정하지가 않기에 내일은 몇 시에 출근하느냐고 물었더니 여덟 시까지 출근이라고 했다. "그럼 채현(셋째)이랑 같이 아침 먹고 가면 되겠네"라고 하고는 내일은 불고기 해줄 테니까 꼭 먹고 가라고 얘기하고는 씻고 곧장 곯아떨어졌다.

그리고 다음날, 알람 소리에 겨우 눈을 떠서 습관적으로 셋째의 아침을 차리고 있는데 둘째가 방에서 나오는 거다. "아직 일곱 시도 안 됐는데 왜 이리 일찍 일어났어?" 하고는 대수롭지 않게 셋째 밥만 차리고 있는데 뜬금없이 "내 이럴 줄 알았어"라면서, "어제 분명히 내 밥까지 차려준다고 해놓고선 채현이 것만 했지?"라며 울상이 되어 씻으러 욕실로 휙 들어가는 것이다.

이게 무슨 상황인가 싶어 멍하게 있다가 불현듯 어제 일이 기억 났다. 술을 너무 많이 마셔 순간적으로 망각했던 것이다. 둘째는 간만에 아빠가 아침밥을 차려준다니까 좀 더 자고 싶은 유혹을 뿌리치고 주방에서 덜거덕거리는 소리를 듣고 나왔는데 식탁을 보니 한 사람 밥만 차려져 있다. 순간 야속함과 무심함에 섭섭하고 서러웠을 것이다.

'내가 무슨 짓을 한 거지?' 라는 생각과 함께 아찔해져서 어제 술을 너무 많이 먹어서 아직 정신이 없어서 그렇다느니, 술 취하면 잘 기억하지 못하지 않느냐, 최근에 네가 다이어트 한다고 대체 식품을 먹길래 순간 아차했다 등 나름의 이유들을 찾아서 이야기하며 마음을 풀어보려고 했지만 아무 소용이 없었다. 오히려 더 자극만 될 뿐이었다. 결국 얼굴도 안 보고 잘 갔다오겠다는 인사도 없이 휑하니 출근하는 아이의 뒷모습만 아프게 바라볼 수밖에 없었다.

약속을 지키지 못한 건 바로 나 자신인데 그 잘못을 첫 번째 술에게 떠 넘겼다. 술이 무슨 죄가 있는가. 좋은 분위기 속에서 여러 사람들과 즐겁고 돈독한 시간이 되도록 만들어준 것 뿐인데 말이다. 술을 마시고 취할 수는 있다. 하지만 취기 때문에 약속을 지키지 못하는 건 전혀 다른 문제다. 왜냐하면 약속은 단순히 말로서 하는 합의가 아니라 상대방을 존중하는 마음과 자세의 유무이자 실천이기 때문이다. 나를 존중하지 않는 사람을 신뢰하고 싶어 하는 사람이 과연 몇이나 될까?

두 번째는 평소 출근 시간이 일정하지 않고 최근에는 다이어트 식품을 먹고 있는 둘째에게 떠넘겼다. 가만히 있는 아이에게 굳이 아침밥을 챙겨줄 테니 꼭 먹고가라고 해놓고선 엉뚱한 사람을 잡은 거다. 미안하면 미안하다고 사과하고 화를 내면 달게 받으면서 풀릴 때까지 기다려줘야 하는데 잠시의 불편함과 미안함을 견디지 못하고 얼른 벗어나고 싶은 마음에 상황을 뒤바꾼 것이다. 얼마나 어이가 없고 파렴치하게 보일까? 이런 사람에게 신뢰는 고사하고 말 한마디라도 섞고 싶은 마음이 생길까?

핑계는 무책임하면서 상식이 없는 사람으로 만들어 신뢰를 삼키고 관계를 무너뜨린다. 또한 서로를 연결해주는 공감대를 끊어버리게 하여 관계의 단절로 이어진다.
그럼에도 불구하고 핑계를 대고 싶은 유혹은 늘 강하다.

이유와 핑계 사이

이유와 핑계를 혼동하면
도무지 이해 안 되는 일들이 많아진다.

이유와 핑계의 혼동 또한 나를 흔들어 소통을 가로막는 대표적인 예이다. 생활 속에서 이유와 핑계를 구분하는 것은 쉬운 일이 아니다. 이유와 핑계는 모두 상황에 대한 주관적인 해석이기 때문이다. 내가 지금 무엇을 하고 있는지, 왜 그런 말과 행동을 했는지 스스로도 도무지 모를 때가 많다는 건 어쩌면 이유와 핑계를 혼동했기 때문이지 않을까?

수업을 함께한 교육생의 사례를 살펴보기로 한다.

늦은 나이에 결혼해서 육아와 일을 병행하던 이 분은 아이를 챙기느라 직장에 지각하는 일도 많고, 업무에 집중하지 못해 번번이 옆 동료들에게 피해를 준다. 어린이집에서 돌아오는 아이를 데리러 가기 위해 퇴근도 일찍 해야 한다. 이런 상황과 자신의 처지를 직장 동료들이 이해해줘야 한다고 생각한다. 그들도 직장인이기 이전에 자신의 전철을 모두 밟아본 엄마들이기 때문에 충분히 헤아려줄 거라고 믿었다.

하지만 분위기가 이상하게 흐른다. 어느 순간부터 커피 타임이 되면 자신 혼자만 외따로 있게 되는 것이다. 동료들이 모여 수군대는 모습이 자기를 험담하는 것으로 느껴진다. 업무 협조를 부탁하면 시큰둥하게 바쁘다면서 외면한다. 왕따가 된 듯해서 서서히 눈치를 보게 되고, 소외된 분위기 속에서 감당해야 하는 업무, 지각과 조기퇴근 또는 칼퇴근의 변화될 것 같지 않은 상황, 여기에 갱년기 증상까지 보태어져 우울증이 왔다. 모든 것이 의미가 없어지고 의욕도 없고 세상이 힘들기만 해서 점점 자신이 이상해지는 것 같아 두려웠다. 더 이상 자신을 내버려두어서는 안 되겠다는 생각에 이곳을 찾아왔다.

수업을 거듭하면서 서서히 자기 자신을 객관적으로 바라보게 되었다. 모든 문제의 시작이 자신이었다는 것을 깨닫게 된다. 육아는 자신의 행동을 정당화하기 위한 핑계일 뿐 이유가 될 수 없다는 것을 알게 되었다. 당연히 이해해주고 이해해줘야 한다는 생각이 얼마나 어리석었는지를 알고 나니 얼굴이 화끈거렸다고 한다. 그때부터 근본 이유를 찾기 시작했다.

'직장일과 개인일은 전혀 별개의 문제인데 같은 선상에서 바라보고 명확하게 구별하지 못했구나. 같이 근무하는 동료들이기에 내 마음과 같을 거라고 착각했구나. 나의 분별력 없는 행동 때문에 피해를 입고 있는 쪽은 동료들인데 오히려 나를 따돌린다고 원망만 하고 있었구나. 육아는 남편과 분담할 수 있는데 안 들어주겠지 라고 혼자 판단하고 다 떠맡으려고만 했구나. 그러면서 알아서 안 도와준다고 짜증내며 무책임한 아빠로 만들었구나. 아이도 스스로 할 수 있는 일이 많은데 무작정 못한다고만 생각했구나. 내 바쁜 것만 생각하고 혼자 할 수 있는 힘을 키우도록 가르쳐주고 기다려주지 못했구나.'

이렇게 **이유를 알고 나니 어떻게 해야 하는지 길이 보이기 시작했다**고 한다. 남편과 육아와 가사 일에 대해 의논하여 분담하기 시작했으며, 휴일에는 시간을 내어 아이에게 혼자 밥 먹기, 씻기, 옷 갈아입기 등을 가르치고 잘 해내면 폭풍 칭찬을 해주어 동기를 부여하기 시작했다. 일찍 출근해서 동료들에게 직접 커피를 타 주면서 먼저 다가갔다. 업무능력을 끌어올리기 위해 더 집중했고, 책임감 있게 행동했다. 처음에는 남편과의 소통이 어려워 협의를 이끌어내는데 어려움이 있었지만 인내심을 발휘하여 인정할 건 인정해주면서 남편과 아빠의 의미를 이해시키자 나중에는 별무리 없이 잘 따라주더라는 것이다. 스스로 하는 아이를 보면서 신통하기도 하고 대견해서 아이 키우는 재미가 배가 되었다고 한다. 직장동료들도 처음에는 왜 이러지라며 의아해했지만 시간이 지나며 달라지기 시작했고, 이제는 웃으며 잘 지내고 있다고 한다.

자신감과 활력을 되찾은 그 분은 공부를 왜 해야 하는지를 깨닫고 더욱 진심으로 수업에 임하면서 자기 것으로 만들기 위해 노력하고 있다. 지금은 '내 아이 행복하게 잘 키우기' 라는 주제로 글쓰기 반에서 글을 쓰면서 자신을 키워가고 있다. 또한 어느새 초등학교 4학년이 된 아이와 함께 이곳에서 펼치고 있는 봉사활동에도 참여하여 사회에 공헌하는 삶을 실천해 나가고 있다. 그 분은 이제 누구를 만나든지 당당하게 말한다. "내가 변하니 세상이 달라졌어요" 라고.

> **이유를 알고 나면 어떻게 해야 하는지 길이 보인다.**
> **이유를 알고 나면 굳이 핑계가 끼어들 틈이 없다.**

공감하지 못하는 마음

공감을 가로막는 장애물을 치울 수 있다면
건강한 인간관계는 자연스레 따라온다.

수업과정에 '건강한 대화법'에 대해 공부하는 시간이 있다. 대화의 중요성과 잘할 수 있는 방법에 대해 이론을 설명하고 그 방법에 따라 서로 짝을 이루어 실기를 한 후 소감을 발표하게 한다. 수강생들은 수업에서 처음 만난 사이이므로 낯설고 서로 어색하지만 시간이 지나면서 자연스럽게 대화를 하게 된다. 그런데 유독 화기애애한 팀이 있다. 그 팀의 소감을 들어보면 공통된 점이 나타난다. 처음에는 어색했지만 어느 순간 서로 공감이 가는 주제를 발견하고부터는 시간가는 줄 모르고 물 흐르듯이 대화가 되었다는 것이다. 그리고 짧은 시간이었지만 서로에 대해 많이 알게 된 알찬 시간이었다고 얘기한다.

이처럼 공감은 원활한 소통과 건강한 인간관계를 형성하고 이어나가는데 중요한 요소다. 공감이라는 감정적 교류가 없다는 것은 피가 흐르지 않는 혈관과도 같은 것이 아닐까? 이러한 중요성과 사실을 모르는 사람은 없을 것이다. 사랑하는 사람의 눈물 한 방울에 무너지는 것이 사람의 마음이지만 일상 속에서의 모습은 메마를 때가 많다. 특히 친밀한 사이일수록.

상대가 슬퍼할 때 함께 슬퍼하기 어려운 이유는 혹시 약해져서 다시 일어나지 못하면 어쩌나 싶어서, 그래서 하는 말,
"괜찮아. 별일 아니야. 넌 잘 이겨낼 수 있을 거야. 살다 보면 이보다 더한 일이 수두룩해. 기운 내."

상대가 어이없는 일을 당해 화가 났을 때 함께 화내기 어려운 이유는 혹시 화를 참지 못해 그릇되면 어쩌나 싶어서, 그래서 하는 말,
"그래도 참아야지 어쩌겠어. 똑같은 사람이 될 순 없잖아."

상대가 기뻐할 때 함께 방방 뜨기 어려운 이유는 혹시 자만에 빠져서 사리분별을 잃으면 어쩌나 싶어서, 그래서 하는 말,
"이럴 때일수록 몸을 낮춰. 너 혼자 잘해서 된 거 아니니 경

거망동하지 말고."

상대가 행복할 때 함께 맞장구치기 어려운 이유는 혹시 지금의 행복에 젖어 안주하면 어쩌나 싶어서, 그래서 하는 말,
"이제부터 시작이야. 멈추지 말고 더 열심히 살아야 해. 그렇지 않으면 한 방에 훅 간다."

이 모든 상대를 위한다고 하는 말과 행동들이 정녕 공감을 가로막는 장애물이 되고 만다. 잘못되지 않기를 바라는 염려의 마음을 어찌 탓할 수 있을까마는 지나친 기우이자 자기기만일 때가 많다. 지금의 상황을 잘 다스리지 못해 잘못되었을 경우, 상대방과는 별개로 나 자신이 그 결과를 받아들이지 못해 힘들어할까 봐 하는 이기적인 마음의 민낯이다. 동시에 상대를 믿지 못하는 성숙하지 못한 마음의 발로이기도 하다.
설령 잠시 기분에 치우쳐 때론 약해지고, 그릇되고, 과신하고, 안주하려는 마음이 들 수 있을 것이다. 그것이 그렇게 잘못된 것일까? 각박한 세상을 살아가면서 잠시 자기감정에 충실하는 것이 경계해야 할 사치인가? 그냥 한 번쯤 상대의 감정을 진심으로 공감해주고 함께 울고 웃는 것이 더 건강하지 않을까?

우리들 각자는 그렇게 나약하지 않다. 잠시 흔들린다고 자신을 구렁텅이에 밀어 넣지 않는다. 오히려 공감은 '험난한 세상에 나 홀로가 아닌 내 편이 한 사람쯤 있구나'를 느끼게 하여 제자리를 스스로 찾게 한다.

인생길을 가다 보면 모진 비바람도 맞고, 쨍하고 해 뜰 날도 만나게 된다. 우산이나 양산을 들어 비바람과 햇빛을 막아주는 것도 필요하겠지만, 때론 함께 비를 맞으며 흠뻑 젖고 태양에 그을리며 땀에 젖은 채 걸어가주기를 바랄 때도 있을 것이다.

> · · · ·
>
> 공감은 원활한 소통과 건강한 인간관계를 형성하고 이어나가는 데 중요한 요소다. 공감은 '험난한 세상에 나 홀로가 아닌 내 편이 한 사람쯤 있구나'를 느끼게 하여 제자리를 스스로 찾게 한다.

잘되기를 바라는 마음,
잘못되지 않기를 바라는 마음

성장하고 싶은가, 안전한 경계 안에 머무르고 싶은가

부모는 자식을 키울 때 어떤 마음일까?

"내 아이가 잘되기를 바라나요? 아니면 잘못되기를 바라나요?"

이렇게 질문을 던지면 백이면 백 모두 무슨 이런 말 같지도 않은 걸 묻느냐는 듯 1초의 망설임도 없이 "당연히 잘되기를 바라지요."라는 대답을 한다. 그러면 다시 질문을 한다.

"그럼 내 아이가 잘되기를 바라나요? 아니면 잘못되지 않기를 바라나요?"

이렇게 질문을 던지면 잠시 고개를 갸우뚱거리다가 "그게 그거 아닌가요?"라며 조심스럽게 대답한다.

'잘되기를 바라는 마음과 잘못되지 않기를 바라는 마음'

이것은 같은 마음일까, 다른 마음일까? 두 마음 모두 자식을 위하는 마음이기에 그 뿌리는 같다고 할 수 있을 것이다. 하지만 뿌리가 같다고 해서 두 마음이 동일한 것은 아니다. 비유하자면 쌍둥이라고 할 수 있다. 쌍둥이는 모습은 한 사람인 듯 꼭 닮았지만 엄연히 다른 두 존재다. 평소에는 두 마음이 동시에 존재하기에 차이가 있다거나 구별해서 생각할 필요성을 느끼지 못하고, 잘못되지 않는 것이 잘되는 것이라고 생각한다. 흔히 '잘못되면 어떻게 하지?' 라고 생각했다가 '아니야 그렇지 않을 거야. 잘될 거야' 라고 다독이는 말을 하는 것처럼 말이다.

잘되기를 바라는 마음과 잘못되지 않기를 바라는 마음은 어떤 차이가 있을까?
잘되기를 바라는 마음의 동기는 성장, 즉 점점 더 나아지기 위함에 있고, 잘못되지 않기를 바라는 마음은 안전함에 있다. 그렇기에 잘되기를 바라는 마음에서 시도하고 어떤 소정의 결과를 얻었을 때는 성취감을 느끼고, 잘못되지 않기를 바라는 마음에서 시도한 일은 안도감을 느낀다. '아싸! 해냈어!' 와 '휴, 다행이다'의 차이다. 원하는 결과를 얻지 못했을 때는 전자의 경우는 '좋은 경험이었어. 다음번에는 이렇게 한번 해봐야지' 라는 발전적 생각과 대안을 모색하지만 후자의 경우는 '내 이럴 줄 알았어. 괜히 안 하던 걸 해서 일을 이 지경으로 만들다니' 라는 자책과 원망을 하게 된다. 전자는 과정에 더 비중을 두지만 후자는 결과에 방점을 찍는다.

살아가면서 두 마음이 모두 필요하다. 가능성을 향해 과감하게 나아가야 할 때가 있고 위험요소를 줄이거나 피하기 위해 예방하고 조심해야 할 때가 있다. 뭔가 내가 배우고 싶은 것이 있다면 잘할 수 있을까, 못하면 어떡하지 라는 고민에 빠져 망설이기 보다는 일단 시작을 해야 한다. (반면 코로나 펜데믹 같은 상황에서는 개인 위생을 철저히 하면서 바이러스에 감염되지 않도록 조심해야 한다) 중요한 프로젝트를 기획하고 진행할 경우에도 비전을 제시하고 잠재능력을 발휘하기 위해서 적극적이고 도전적인 자세로 임하면서도 예상되는 리스크나 돌발 변수에 대해서는 신중하게 검토하고 점검하면서 추진해야 한다.

잘되기를 바라는 마음과 잘못되지 않기를 바라는 마음은 쌍둥이다. 한 뿌리에서 동시에 태어났고 생긴 모습이 거의 같아 보이지만 엄연히 각각의 다른 존재다. 쌍둥이를 구분하지 못하고 키운다면 어떻게 되겠는가.

잘 되기를 바라는 마음
– 성취감이 중요하다 / "아싸! 해냈어!" / 과정에 비중을 둔다
잘못되지 않기를 바라는 마음
– 안도감이 중요하다 / "휴, 다행이다" / 결과에 방점을 둔다

가지 않은 길에 대한 후회

선택의 딜레마,
무엇을 얻고 무엇을 잃게 되는가

삶은 선택의 연속이다. 그래서 어렵다. 선택을 할 때는 동전의 양면처럼 잘되기를 바라는 마음과 잘못되지 않기를 바라는 마음이 동시에 작용한다. 선택에는 필연적으로 얻는 것과 잃는 것이 동반되기 때문이다. 하나를 선택한다는 것은 선택지에 있었던 나머지를 포기한다는 결정이다. 그 선택의 결과를 선택할 당시에 알 수 있다면 좋으련만 안타깝게도 나중에 알게 된다. 원하는 결과를 얻지 못했을 때 나의 것이 될 수도 있었던 것을 회상하며 한순간의 잘못된 선택으로 날려버렸다는 생각에 엄청난 상실감을 느낀다. 이런 뼈아픈 경험이 많을수록 선택은 더욱 어려운 문제가 된다.

못 가본 길이 더 아름답게 보이고 남의 떡이 더 커 보인다. 후회만큼 시리고 아픈 것이 또 있을까? 모험과 도전이 중요하다는 것을 알지만 고민만 거듭하다가 최종적인 결정은 다수의 길이 되고야 만다. 특히 자식 문제에 관해서는 더욱 그렇다.

자식의 성공을 바라지 않는 부모는 없다. 부모가 생각하는 성공의 공식은 예·체능을 비롯한 다른 분야에 천재적인 재능이 있어 일찍부터 두각을 나타내지 않는 한 공부 잘해서 좋은 대학 가는 거다. 그래서 의사, 판·검사 등 소위 '사'자 들어가는 전문인이 되거나 대기업이나 공기업 등 돈 많이 주는 안정된 직장에 취직하는 것이다. 돈과 지위 그리고 권력이 있어야 무시당하지 않고 자신이 하고 싶은 것을 마음껏 하며 풍요로움을 누릴 수 있다는 것을 경험을 통해 잘 알고 있기 때문이다. 그렇기 때문에 자식을 위한다는 확고한 명분으로 자식과 관계된 선택의 최우선 기준은 공부가 된다.

얼마 전 병원에 다녀온 막내에게 들었던 이야기가 마음에 오래도록 남는다.

병원 대기실에 고등학생으로 보이는 아이와 엄마가 나란히 앉아 있는데 누가 봐도 아이가 많이 아파 보였고 곧 쓰러질 것 같았단다. 힘없는 목소리로 "엄마, 나 오늘은 병원 진료 보고 조퇴해서 바로 집으로 가면 안 돼?"라고 하는데 엄마가 매몰차게 "다음 주가 중간고사인데 지금 무슨 소리를 하는 거야?"라며 바로 학교로 돌아가서 공부하라고 했다면서 이해할 수 없다는 표정으로 "엄마 맞아?"라고 하는 것이다.

"엄마 맞아?"라는 말속에 담긴 아이의 계산법과 부모의 계산법은 다르다. 선택의 기준이 다르기 때문이다. 아이에게 중요한 것은 '지금 아픈 자식'이 기준이 된다. 소중한 자식이 저렇게 아파서 힘들어하고 있을 땐 공부보다 아픈 아이를 먼저 생각해야 하고 아픈 아이의 힘든 상황을 돌보는 것이 최우선이라고 생각한다. 이것이 가족이고 사랑이라고 생각하는데 어떻게 엄마가 그럴 수 있는지 강한 의문과 거부감이 드는 것이다. 또 몸이 아프면 학교에 돌아가더라도 공부에 집중할 수 없기에 효과가 없을 뿐더러 병만 더 키워 오히려 손해가 크다는 판단도 깔려있다. 이렇게 당연하고 단순한 것을 어른이 왜 생각하지 못하는지 이해할 수 없는 마음도 있을 것이다. 지금 처해 있는 자식의 상황을 제대로 공감하지도 못하고 자식을 위해 합리적으로 판단하지 못하는 사람으로 비춰질 뿐이기에 '엄마 맞아?'라는 생각이 드는 것이다.

반면 부모에게 중요한 것은 '미래의 자식의 모습'이 기준이 된다. 아픈 자식을 생각하면 가슴이 아프지만 지금 당장 다음

주 중간고사가 더 크고 중요한 문제로 가슴을 압박한다. 내신에 직접적으로 영향을 끼치는 중요한 시험을 망친다면 좋은 대학에 가기 어렵다. 그럼 내 자식의 미래는 어떻게 되겠는가? 가시밭길이 될 게 불 보듯 뻔하기에 아파서 신음하는 자식의 얼굴을 못내 모른 척할 수밖에 없다. 나중에 잘되고 나면 지금 잠시의 원망은 오히려 감사함으로 바뀌리라 스스로를 위안하면서 말이다. 또한 앞으로 살아가면서 이보다 더 견디기 힘든 상황들이 많을 텐데 이 정도 고통에 제 할 일을 다하지 못한다면 험난한 세파를 어떻게 헤쳐나갈 수 있을까 라는 염려도 한몫한다. "인내는 쓰나 열매는 달다" 라는 격언을 입술을 깨물며 되씹으며 아이의 축 처진 등짝을 학교로 떠민다. "엄마니까 이러는 거야" 라면서.

●　●　●

못 가본 길이 더 아름답게 보이고 남의 떡이 더 커 보인다. 후회만큼 시리고 아픈 것이 또 있을까? 모험과 도전이 중요하다는 것을 알지만 고민만 거듭하다가 최종적인 결정은 다수의 길이 되고야 만다.
과연 선택의 최우선 기준은 무엇인가?

하지 마 vs. 한번 해봐

꿈이 밥 먹여줘? vs.
꿈을 꾼다는 건 중요한 거야

일찍이 부모를 여의고 국밥집을 하는 할머니 손에 자란 여자아이가 있다. 그래서인지 일찍 어른이 되었다. 자기 주관이 뚜렷하고 책임감이 강하다. 주위의 곱지 않은 시선과 시기, 질투에도 멘탈이 흔들리지 않고 빈틈없이 자신의 일을 훌륭하게 해낸다.

그녀의 꿈은 호텔리어. 고생하시는 할머니를 생각해 스스로 2년제 대학에 들어가 3개 국어를 비롯하여 필요한 역량을 쌓아나간다. 그리고 화려한 스펙으로 무장한 쟁쟁한 경쟁자를 물리치고 드디어 국내 최고의 호텔에 취업하는데 성공한다. 입사 후 2년제 출신이라는 핸디캡과 동료들의 멸시에도 불구하고 그동안 갈고 닦은 능력과 '호텔을 찾는 사람들에게 행복한 하루를 선물하자' 라는 본인의 꿈을 한시도 잊지 않고 진심을 다한 결과 최고의 부서에 오르게 된다. 그 과정에서 덤(?)으로 그룹 회장의 아들이자 호텔 사장의 사랑까지 얻는다.

이쯤 되면 남부러울 것 없는 자타가 인정하는 성공한 삶이라고 할 수 있을 것이다. 특히 본인의 꿈을 이루었기에 더욱 만족스러울 것이다. 힘들게 손녀 뒷바라지를 한 할머니도 보람을 느끼고 잘 자라준데 대해 감사하게 생각하며 그동안 꿋꿋하게 노력해서 그 자리까지 오른 손녀가 이제는 풍요롭고 행복한 삶을 살기를 바랄 것이다.

고생 끝 행복 시작이라고 생각하며 흐뭇해하고 있을 즈음 손녀는 할머니에게 뜻밖의 얘기를 꺼낸다. 호텔을 그만두고 자신이 진정으로 꿈꾸는 호텔 사업을 하고 싶다고. 이 말을 들은 할머니의 심정은 어떠했을까? 그렇게 고생하며 어렵게 들어간 직장을 이제 와서 그만두겠다고? 특히나 지금처럼만 하면 직장에서의 입지가 더 탄탄해질 것이고 그에 따른 안정된 미래가 보장되는데 그것을 포기하고 새롭게 시작하겠다고? 호텔 사업을 하려면 돈도 많이 있어야 할 것이고 기반도 있어야 할 텐데 뭘 믿고 저런 말을 하는 거지? 소도 비빌 언덕을 보고 눕는다는데 이건 너무나 무모하지 않은가. 다 잡은 물고기를 왜 놓치려 하는 거지. 이건 아무리 생각해도 안 될 일이야. 너를 위한 길이 아니야. 내가 무슨 수를 써서라도 마음을 돌려놓아야 해, 라는 심정으로 마음이 복잡했을 것이다.

하지만 할머니는 그런 걱정과 염려를 가슴에 묻고 손녀의 뜻에 동의해준다. "지금껏 투정 한 번 안 부리고 아쉬운 소리 한 번 한 적 없던 너였는데 이제야 응석을 부리는구나. 얼마나 보고 싶었던 모습이었는지 모른다. 네가 행복하다면 그걸로 된 거야. 네가 하고 싶은 것을 마음껏 한번 해봐."라며 눈물을 글썽이며 허락한다. 이후 손녀는 바닷가 작은 민박집을 인수하여 〈사랑이 시작되는 곳〉이라는 이름으로 호텔을 개업한다. 아주 행복한 모습으로.

드라마 내용이다. JTBC에서 방영된 〈킹더랜드〉이야기다.
상황과 결과가 다르겠지만 현실에서도 이와 유사한 일들이 왕왕 일어난다. 이럴 때 많이 하고 많이 듣는 말이 있다.

"꿈을 이루는 것 참 좋지. 꿈을 꾼다는 것은 중요한 일이야. 꿈 자체를 부정하는 것은 아니야. 하지만 먼저 살고 봐야 하지 않겠니. 꿈이 밥 먹여주는 것도 아니고 돈이 최고야. 돈만 있으면 하고 싶은 것 마음껏 할 수 있어. 꿈도 돈이 있어야 이룰 수 있는 거야. 지금까지 고생해서 이루어 놓은 것이 아깝지도 않냐. 지금처럼 조금만 더 하면 안정된 미래가 보장된다. 그러면 고생 끝 행복 시작이야. 괜히 일 저질러서 후회하지 말고 정신 똑바로 차려. 모 아무개 알지? 한때 얼마나 잘 나갔니. 근데 자기 하고 싶은 걸 한다고 무리하게 설쳐대다가 쪽박 차고 가정 풍비박산 나고 지금 꼴이 말이 아니게 됐잖아. 사람은 순리대로 살아야 하는 거야."

"지금 당장은 공부가 힘들고 성적이 잘 나오지 않아 실망이 크겠지. 너만 그런 거 아니야. 다 똑같아. 하지만 모두 참고 열심히 하는 거야. 대학 졸업장이라도 있어야 원서라도 디밀어 보지. 이 험난한 세상에 대학 졸업장 하나 없이 뭐해서 먹고 살 거야. 공부 대신 하고 싶은 것 하면서 살면 좋을 것 같지. 엄마가 살아봐서 아는데 세상 그렇게 만만하지 않아. 왜 다들 공부해서 출세를 하려고 하겠니. 그보다 확실한 게 없기 때문이야. 그러니 딴 생각 말고 좀 더 공부에 집중하자."

부모나 배우자가 이렇게 나오면 참 거스르기 어렵다. 나의 내면에서도 이런 불안한 생각들이 올라오면 움츠러들게 마련이다. 이내 갈망하는 꿈은 현실의 암초에 부딪쳐 난파되고 만다. 난파된 배는 흔적 없이 사라지는 것이 아니라 조각조각 파편이 되어 불만이라는 화로의 불씨가 되어 타오르게 된다. 길고도 깊은 갈등의 원인이 된다.

〈킹더랜드〉의 할머니도 손녀의 이야기를 처음 들었을 때 이와 별반 다르지 않았을 것이다. 하지만 생각대로 밀어붙이지 않았다. 어떤 생각의 전환이 있었을까? 유추해보면 지금 드는 걱정은 누구 때문일까? 오로지 손녀를 걱정하는 마음에서만일까? 아니면 손녀의 선택을 말리지 못해 일이 잘못되었을 때 스스로 감당해야 할 후회에 대한 괴로움 때문일까? 이런 자문을 하지 않았을까? 누구의 인생을 위해야 하는가, 지금의 고민은 누구의 인생을 위한 것일까에 대한 답을 찾으려 했을 것이다. 그러면서 잘못되지 않기를 바라는 자신의 마음보다는 손녀가 꿈꾸는 간절한 삶을 응원해주기로 하지 않았을까.

'모든 선택에는 얻는 것과 잃는 것이 있게 마련인 거지. 내 삶을 잃어버리는 것보다 더 큰 일이 있을까? 내 삶을 스스로 개척할 기회조차 갖지 못하는 것만큼 큰 일이 있을까'라는 생각을 하면서 말이다.

포기는 길을 잃게 만들지만 실패는 또 다른 길을 찾게 만든다. 포기는 목숨과 같은 것이고 실패는 상처와 같은 것이 아닐까. 목숨은 잃는 순간 모든 것이 끝나지만 상처는 언젠가는 아물 것이고 새 살은 돋아나게 된다.

그렇기에 포기하는 걸 지켜보는 것보다 실패하는 걸 지켜보는 것이 더 낫지 않을까?

그럼에도 불구하고 '하지 마'와 '한번 해봐'의 분기점에서 방향을 잡는 것이 참 쉽지가 않다.

· · ·

모든 선택에는 얻는 것과 잃는 것이 있게 마련이다.
포기는 길을 잃게 만들지만 실패는 또 다른 길을 찾게 만든다.
포기하고 말 것인가, 실패를 통해 한 단계 성장할 것인가?

부부는 일심동체라는 말

일심동체라는 이상적인 모습을 이루기 위해

너무 많은 상처를 주고 받고 있는 건 아닌지…

"부부는 일심동체다."

누가 한 말일까? 이 말을 부부의 지침으로 삼고 노력하는 사람들은 어떤 의미로 해석하고 따르고 있는 것일까?

각기 다른 두 사람이 만나 하나의 마음과 하나의 몸이 되는 것이 가능할까? 사랑하는 사람이 만나 결혼을 하는 이유가 하나가 되기 위해서일까? 물리적으로는 안 되지만 심리적인 일심동체는 얼마나 환상적인가. 하지만 현실은 그렇지 않다. 일심동체라는 이상적인 모습을 이루기 위해 얼마나 많은 것을 상대방에게 요구하고, 바라는 대로 되지 않았을 때 상처 받고 상처를 주는가.

혹시 우리는 같아지는 것과 함께하는 것을 동의어라고 착각하고 있는 것은 아닐까? 또 같아진다는 의미가 서로를 이해하고 받아들이는 과정이 아니라 상대방을 나에게 맞추어 나의 방향대로 따라오게 만드는 것이라고 생각하는 건 아닐까? 그렇기에 신혼초에 잡지 못하면 평생 고생한다는 주위의 말을 찰떡 같이 믿고 주도권 쟁탈전을 벌이는 것이 아닐까? 부부는 일심동체라는 명분하에.

연애할 때는 그렇지 않더니 결혼하고 나서 사람이 완전 변했다면서 속았다고 말하는 사람이 많다. 연애할 때는 나의 기분 하나하나에 신경을 쓰고 맞춰주려고 노력하더니 이제는 안중에도 없다는 것이다. 결혼 전에는 내가 무엇을 좋아하는지 궁금해하고 데이트할 때 최대한 맞추려고 세심하게 살피더니 이제는 물어보지도 않고 자기 마음대로 한다는 것이다. 또 고집은 얼마나 센지 도무지 대화가 안 된다면서 무슨 사람이 저러냐고 분통을 터트린다. 나도 결혼 후 바라는 부부의 모습과 기대했던 가정의 모습이 있는데 전혀 들으려고 하지 않고 자기 마음대로만 하려고 한다. 그러면서 조금만 마음에 안 드는 것이 있으면 어린애 나무라듯 닦달을 한다. 나도 엄연한 사회인이고 인격체인데 존중받기는커녕 소유물이 된 듯하다. 뭐가 잘못되어도 한참 잘못된 것 같다.

　우리는 어떨 때 '아, 저 사람이 나를 사랑하는구나. 저런 사람이라면 평생 함께해도 좋을 것 같아' 라는 마음이 생길까. 그 사람과 같이 있으면 괜히 내가 좀 더 괜찮은 사람처럼 느껴지고 더 괜찮은 사람이 되고 싶다는 마음이 들 때가 아닐까. 그럼 어떨 때 내가 괜찮은 사람이라고 느낄까.

　나의 실수로 스스로에게 실망하고 있을 때 "누구나 그럴 수 있어. 하지만 발상과 시도는 신선했어. 나는 너의 그런 모습이 좋더라"라면서 용기를 북돋워줄 때, 작은 것 하나에도 의미를 부여하며 긍정 피드백을 통해 나의 강점으로 부각시켜줄 때, 갈림길에서 고민하고 있을 때 묵묵히 들어주면서 무한 신뢰를 보내며 "너 자신을 믿어" 라고 말해줄 때 등 나를 고치려고 이러쿵저러쿵 조종하는 것이 아니라 나의 개성과 갈등들을 관심으로 바라봐주고 그 속에서 내가 미처 몰랐던 나를 발견하게 해줄 때 우리는 "나 좀 괜찮네, 좀 더 괜찮은 사람이 되고 싶어" 라는 동기가 생기지 않을까. 그리고 그렇게 만들어주는 사람에게서 사랑을 느끼고 사랑하게 되는 것이 아닐까.

부부의 날이 5월 21일이라고 한다. 5월은 가정의 달이고 21이라는 숫자는 둘이 하나되는 것을 의미한다고 한다. 진정한 부부는 둘이 하나되는 것이 아니라 둘이 있을 때 진정으로 가장 나다운 내가 되는 관계여야 하지 않을까. 굳이 부부의 날을 만들고 싶다면 21일 아니라 22일이 더 어울리지 않을까 생각해본다.

부부는 일심동체가 아니다. 부부는 이심이체다. 그 이심이 서로를 더 자신답게 만드는 마음이어야 하고, 이체가 든든한 응원군으로 자리할 때 가장 건강한 부부가 된다.

···

같아진다는 의미는 서로를 이해하고 받아들이는 과정이다.
상대방을 나에게 맞추어 따라오게 만드는 것이 아니라
진정한 부부는 둘이 하나되는 것이 아니라
둘이 있을 때 진정으로 가장 나다운 내가 되는 관계이다.

돌보면서 돌보지 않는 마음

나 자신을 가꾸고

관계를 가꾸는 일

한번은 블루베리를 재배하는 지인의 하소연을 들은 적이 있다. 나무를 잘 키워서 많은 양의 베리를 수확하려고 노력했는데 오히려 나무를 죽였다는 것이다. 심지어 직장 생활을 하며 새벽과 밤 시간을 쪼개 애썼는데 다 소용이 없게 되어 허무하고 속상하다고.

땅과 나무에 좋다는 거름을 비싼 값에 구입해서 뿌리 가까이에 넣어주었는데 성분의 농도가 너무 강해 나무가 견디지 못하고 시들어버린 것이다. 나무에게 좋은 영양분을 주기 위해서는 뿌리에서 조금 떨어진 위치에 넣어주어야 자연스럽게 지속적으로 섭취를 하여 건강한 나무로 자라게 되고 건강한 만큼 스스로 꽃을 피워 열매를 맺는다는 사실을 몰라서 치른 비싼 대가였다는 것이다.

베리 나무를 내가 원하는 모습과 방식으로 키우려고 하기 이전에 나무 자체가 건강하게 자라도록 하려면 어떻게 해야 하는지를 먼저 알아보고 가꾸어야 한다는 값진 교훈을 얻은 지인은 이듬해 향만큼이나 새콤하면서도 달달한 맛의 싱그러운 베리를 한 통 가득 담아 웃음 띤 얼굴로 내밀었다. 과연 맛이 일품이었다.

식물 하나 가꾸는 데도 이러할진대 나 자신을 가꾸고 관계를 가꾸는 일은 어떠할까? 내가 나로서 반듯하게 서게 하여 나의 능력을 계발하고 의미 있는 일에 쓰이게 하려면 무엇을 살펴야 할까? 관계를 관계답게 하여 서로가 자신의 삶을 더 잘 가꾸어나가도록 하려면 무엇을 살펴야 할까?

가꾼다는 것은 무엇일까?
가꾸기 위해서는 어떻게 해야 하는 걸까?
내 삶의 단어장 안에 소중한 어휘로 새겨져 있는 '가꾼다' 라는 말의 뜻을 다시 한 번 이해해보고자 한다.
'가꾼다' 라는 말은 그 자체가 될 수 있도록 돌보는 마음이다. 가꾼다는 말의 동의어는 사랑이라고 생각한다. 사랑 또한 그 자체가 그 자체로 빛날 수 있도록 곁에서 또는 멀리서 정성을 다하는 마음이라고 평소 생각해왔기 때문이다. 그러나 미혹된 마음으로 가득 차 있는 나에게는 그 자체가 그 자체가 되도록 스스로 길을 찾고 방황하고 넘어지는 것을 지켜보며, 돌보면서 돌보지 않는 마음을 갖는 것이 너무 어려운 일이다. 그래서 이것은 인간이 넘볼 수 있는 경지가 아니라고 함부로 치부해버린 적이 한두 번이 아니다.

좋아하는 마음이 생길 때 가꾸고 싶은 마음이 든다. 좋아하는 마음이 생기면 같아지고 싶고 늘 함께하고 싶은 욕망이 생긴다. 같아지고자 하는 마음 자체를 탓할 순 없지만 마음으로 그치지 않고 실제 모습으로 만들려고 하는 순간 처음의 순수했던 마음은 집착으로 변질될 수 있기 때문에 문제가 된다.

같아지고 싶다는 것은 소유와 관련된 욕심에서 비롯된다. 동질감만큼 강한 유대와 소속감을 만들게 하는 것이 또 어디에 있겠는가. 나와 같아지게 하고 싶은 마음이 강하면 그 대상을 나의 일부로 인식하게 되어 그 대상의 주체를 인정하지 못하고 자유와 권리 그리고 의미를 망각하게 된다. 내 방식으로 길들이려고 하다 보니 상대는 거부감을 갖고 저항하게 된다. 그 힘이 강하면 강할수록 이젠 누가 이기나 한번 해보자는 식이 되어 고집은 집착이 된다. 서로 당기고 밀어내면서 꺾이고 부러지는 등 상처투성이가 되고 만다. 이런 과정 속에서 멀어진 자식과 부부가 얼마나 되겠는가.

그 반대의 경우도 마찬가지다. 상대와 같아지려는 마음이 생기면 최대한 맞추려고 노력한다. 처음에는 동화되는 즐거움과 함께하는 기쁨에 잠시 자신을 희생하지만 시간이 흐르면서 자아가 고개를 들고 현실을 비집고 올라오게 된다.

'내가 지금 왜 이러고 있지? 원래 나는 어디에 있는 거야? 왜 나만 존재감이 자꾸 없어지는 것 같지? 이대로 쭉 가는 것이 맞는 걸까?'

이때부터 나를 희생하면서 바친 노력의 대가를 요구하게 되고, 이로 인해 곧 비정하고 서글픈 말로로 치닫게 된다.

가꾼다는 것은 대상을 대상이게 하면서 나를 잃어버리지 않는 이타적이면서도 주체성을 가진 성숙된 인품이다. 거름을 줄 때 내가 넣고 싶은 자리에 넣는 것이 아니라 나무가 원하고, 도움이 되는 자리에 넣어줄 수 있는 지혜를 가진 마음이다. 물이 흘러가는 방향으로 물길을 터주되 보채지 않고, 성급한 마음에 옆

줄기로 새는 물길을 막아버리는 이기적인 독선이 아니다. 사랑과 집착이라는 외줄 위에서 중심을 잃지 않는 자기성찰의 춤사위이다.

그에 따른 열매는 각자가 저마다의 모습으로 스스로 빛을 내는 건강한 삶이 될 것이다. 그 씨앗은 또 얼마나 널리 퍼지게 될 것인가.

가꾸고 싶은 마음이 들 때는 잠시 호흡을 가다듬고
자신에게 진심으로 물어보고 답을 얻어야 한다.
'진정 누구를 위해서 가꾸고 싶어 하는지'
'무엇을 위해 가꾸고 싶은지'
'그럼 어떤 마음으로 어디서부터 시작해야 하는지.'

'아'를 말했는데 '어'로 듣는 사람

같은 말 다른 의미라면

외국어와 무엇이 다른가.

　우리는 같은 말을 사용하기 때문에 같은 의미로 전달된다고 생각한다. 과연 그럴까?

　같은 말이라고 하더라도 말하는 이와 듣는 이의 상황과 경험에 따라 그 의미는 모두 다른 것이 아닐까? 왜냐하면 어떤 단어를 사용할 때 그 말의 사전적 의미가 아니라 개인의 경험적 의미가 더 크게 작용하기 때문이다. 또 문장으로 표현할 때도 객관적 사실 위주가 아니라 주관적 생각 위주로 표현을 한다. 이러한 차이가 의사소통을 할 때 오류를 일으키는 요인으로 작용한다고 생각한다.

　초등학교 국어 시험 문제의 오답 상황이다.

공부를 잘하는 한 친구가 국어 시험에서 한 문제를 틀렸다. '행복'의 반대말을 찾는 문제였는데 이 친구는 답을 '가난'이라고 선택했다. 아마도 가난한 집안의 아이이고 그로 인해 가정 불화를 겪고 있는 아이가 아닌가 싶다. 이 친구에게 행복의 의미는 부유함이고, 경험을 통해 돈만 많으면 행복하게 살 수 있을 거라고 생각했을 것이다. 아이의 입장에서 보면 정답이다. 하지만 보편적인 의미는 아니다.

이 아이에게 "행복하게 살아야 돼"라고 말한다면 "어떻게 해서든 돈을 많이 벌어서 부자로 살아야 돼"라는 말로 들릴 것이다. 비록 말하는 사람은 "하고 싶은 일을 하면서 자기로서 당당하게 살아라"라는 의미로 말을 했더라도 말이다.

살아가면서 상대방이 내 말 뜻을 제대로 알아듣지 못해 곤란을 겪는 경우가 많다. 여러 가지 이유가 있을 수 있다. 그 중에서도 내가 이런 의중과 의미로 말을 했으니 당연히 상대방도 그렇게 받아들였을 거라고 속단하는 데서 오해가 비롯되는 경우가 많다. 내 생각을 표현할 때 나는 이 말을 어떤 의미로 사용하고 있고 나의 의중은 어떠하다 라는 것을 정확히 설명해서 내 말을 듣고 있는 상대방이 나와 같은 생각 그림을 그릴 수 있도록 신경을 쓰는 것이 중요하다. 또한 상대방의 말을 들을 때도 내가 정확히 이해했는지를 들은 내용을 바탕으로 그 자리에서 상대에게 확인하는 것이 좋다. 이렇게 하면 불필요한 오해가 생기는 것이 최소화되지 않을까?

영어가 서툰데 미국인과 대화를 해야 한다면 이때 가장 주의를 기울이는 부분은 무엇일까? 내가 말하고자 하는 내용이 상대방에게 제대로 전달되고 있는지, 상대방은 내가 말하고자 하는 뜻을 잘 알아듣고 있는지에 주의를 기울일 것이다. 들을 때는 딴생각하지 않고 상대방의 말을 정확하게 듣기 위해 최대한 몰입할 것이다. 그 이외의 것에는 마음을 쓸 여력도 여유도 없다. 이렇게 해도 의사소통이 결코 만만치 않다.

다른 예를 들어보자.

'성공'이라는 단어의 뜻을 아버지는 '수단과 방법을 가리지 않고 올라갈 수 있는 자리까지 올라가고 돈도 많이 벌어서 남들에게 기죽지 않고 떵떵거리며 내가 하고 싶은 것을 마음껏 할 수 있는 사람이 되는 것'이라고 생각한다.

하지만 아들은 "자신의 잠재능력을 잘 계발하여 고유한 개성과 어우러져 좋아하고 잘할 수 있는 일을 통해 여러 사람들을 이롭게 함으로써 자신의 삶을 꽃피우는 사람이 되는 것"을

'성공'이라고 생각한다.

　아버지는 아들에게 "죽기 살기로 공부해서 무조건 1등해! 그리고 좋은 대학 가서 높은 사람이 되는 거야. 그럼 넌 성공한 사람이 되어 네가 하고 싶은 것 다 하면서 대접받고 살 수 있어. 그러니 다른 것에는 일체 관심 끊고 오로지 공부만 해. 다 너의 성공을 위해서야. 나머지 뒷바라지는 아버지가 다 알아서 할게." 라고 한다. **아들은 아버지의 성공에 대한 말을 알아들었을까?**

　남편은 '행복'이란 단어를 '돈을 많이 벌어서 가족들이 사는데 아무런 불편 없이 해주는 사람이 갖는 만족감'이라는 뜻으로 생각한다. 그러다 보니 집에 있는 시간은 거의 없고 바깥으로만 바쁘게 다닌다. 집이 어떻게 돌아가는지, 아내와 아이들이 무슨 생각을 하는지 전혀 모른다. 돈만 있으면 아무런 문제가 없고 설사 어떤 문제가 생기더라도 돈이 다 해결해준다고 생각한다.

　아내는 '행복'을 '주말만이라도 가족이 모여 지난 한 주 동안 있었던 일들에 대해 이야기도 나누고 맛있는 음식도 함께 먹고 가볍게 산책하며 서로 감사함을 느끼는 것'이라고 생각한다. 어느 날, 남편이 간만에 집에 들어와서 부인에게 묻는다.

"여보, 나처럼 능력 있는 사람과 결혼해서 부족함 없이 아이들 키우며 생활하니까 행복하지?"

아내는 남편이 한 행복이라는 말을 잘 이해할 수 있을까?

이처럼 같은 말, 다른 뜻의 언어는 외국어와 다를 바 없다. 서로가 전혀 알아듣지 못하는 자기 나라 말로 열심히 자신의 생각을 표현하면서 말귀를 알아듣지 못한다고 오해하고 불평불만을 갖고서 갈등하고 있는 건 아닌지 생각해봐야 한다.

- - - -

내 생각을 표현할 때 '어떤 의미로 사용하고 있는지'
'나의 의중은 어떠한지' 정확히 설명해야 한다.
내 말을 듣고 있는 상대방이
나와 같은 생각을 할 수 있도록 신경써야 한다.

이렇게 당연한 걸 너는 왜 몰라?

'당연히 알아야지'가 아닌

'당연히 모르지'라고 생각하라.

'내가 알고 있는 것을 상대방은 왜 모를까?'

상대를 이해하지 못하게 만드는 장애물 중 대표적인 관점 중 하나가 아닐까 생각한다. '이건 너무나도 당연한 것이고 기본적인 것인데 어떻게 이것을 모를 수가 있지? 도대체 생각이 있는 거야 없는 거야? 지금까지 살아오면서 뭘 한 거야?' 라는 생각이 깔려 있을 때 나타나는 반응이다.

내가 알고 있는 것과 맞다고 생각하는 것이 얼마만큼이나 보편적이고 정당한 것인지에 대한 되돌아봄도 없이 상대방을 평가하는 기준이 된다. 또한 내가 알고 있기에 상대방도 똑같이 나와 같이 알고 있어야 정상인데 그렇지 않으면 도저히 용납할 수 없는 비정상이라고 여긴다. 이럴 경우 상대를 향한 반응은 비난을 담은 냉소로 가득찰 수밖에 없다. 비난 받기를 좋아하는 사람은 이 세상 어디에도 없다.

그럼, 나는 상대방이 알고 있는 것을 모두 알고 있을까? 또 알고 있어야 정상이라고 생각하는가? 그것을 몰라서 상대가 나를 비난하면 난 그런 대접을 받아도 마땅하다고 여기며 마음으로 받아들일 수 있을까?

우리는 모두 같은 시대, 같은 공간, 같은 언어권, 같은 문화 속에서 살아가고 있지만 실상은 자기만의 세상에서 살아가고 있다. 각기 다른 세상에서 사는 사람들이 관계라는 끈으로 연결되어 있을 뿐이다. 어찌 똑같기를 바랄 수 있을까?

내가 알고 있는 것은 당연히 상대방도 알고 있을 거야 또는 알고 있어야 된다는 생각은 자기 자신을 스스로 고립시키는 감옥이다. '당연히 알아야지'가 아닌 '당연히 모르지'라는 생각을 할 때 우리는 상대방을 비난하고 윽박지르고 무시하는 행동에서, 나와 다른 세상에 있는 사람의 입장을 존중까지는 아니더라도 받아들이게 되고 서로의 생각과 입장을 이해하려 하고 이해시키려 할 것이다.

물론 쉬운 일은 아니다. 하지만 관계가 틀어져 더 이상 되돌릴 수 없는 상황에서 겪는 괴로움과 그때 가서 찾으려는 해법보다는 덜 어렵지 않을까?

나는 상대방이 알고 있는 것을 모두 알고 있는가?
또 알고 있어야 정상이라고 생각하는가?
당연한 것은 없다. 서로 다름을 인정하고
상대방의 입장을 생각해보는 시간이 필요하다.

종지기의 크기와 대접의 크기

우리는 경험한 만큼만

볼 수 있고 해석할 수 있다.

'저 사람 참 그릇이 작네.'

'아직 어리네.'

'나잇값 못하네.'

'먹은 밥이 아깝네.'

'어른이 되어서 왜 저러고 살아?'

라는 생각을 하게 하는 사람이 있다. 겉은 멀쩡한 어른같은데 하는 짓이 어린아이와 별반 차이가 없는 사람도 많다.

어린아이는 자기 것에 대한 애착이 강하다. 혼자 독차지하려 하고 나눌 줄 모른다. 엄마의 사랑을 한몸에 받다가 동생이 태어나면 이전과 달라진 처지를 견디지 못한다. 엄마를 동생에게 빼앗겼다는 생각에 시기하고 질투하다 급기야는 못살게 굴며 괴롭힌다. 착하고 해맑던 모습은 온데간데없고 고약하고 못된 아이가 된다. 때론 장난감이나 먹을 것을 나누기도 한다. 상대방을 배려해서가 아니라 싫증이 났거나 더 이상 관심 사항이 아니기 때문에 나눈다기보다는 상관하지 않는 것이다.

또한 기다릴 줄 모른다. 갖고 싶은 것이 있거나 하고 싶은 것이 생기면 참지 못한다. 부모가 들어주지 않으면 장소, 상황을 가리지 않고 떼를 쓰고 급기야는 바닥을 뒹굴며 울부짖는다. 상대가 친구라면 싸우거나 삐져서 다신 같이 안 논다면서 가버린다.

대화도 타협도 먹히지 않는다. 지금 당장의 욕구가 중요하고 그것이 해결되지 않으면 감정 조절이 안 되고 기분대로 행동한다. 지금 이 순간이 세상의 전부인 양 행동한다. 하나만 알고 둘을 모른다. 그러다 보니 모든 관계는 나로 시작해서 나로 이어지다 나로 완성된다.

관계는 너와 나로 이루어지는데 하나만 알다 보니 관계는 나와 나의 좋음과 나쁨이 전부다. 내 마음에 들면 좋은 사람이고 그렇지 않으면 나쁜 사람이다. 내가 마음대로 할 수 있으면 좋은 관계이고 그렇지 않으면 짜증나는 관계이다.

모든 아이가 이렇지는 않겠지만 아직 신체적, 정신적, 사회적으로 미숙한 단계이기에 흔하게 일어나는 현상이다. 이런 자기중심적인 좌충우돌의 과정을 거치면서 조금씩 나를 둘러싸고 있는 사람과 환경의 관계를 알게 되고 이해하면서 외부로의 시선이 열리게 된다. 사회성이 싹트게 되면서 '내 마음대로 다 되는 것은 없구나'와 '내 마음 내키는 대로 해서는 안 되는구나'를 알게 된다. 나 자신만큼 상대도 똑같이 욕구와 감정과 생각이 있다는 것을 깨닫게 된다. 내가 아픈 만큼 상대도 아플 수 있다는 것을 알게 된다. 오롯이 나 혼자 존재할 수 있는 것이 아니라 관계 속에서 살아가면서 나라는 존재가 성립된다는 사실을 느끼게 된다.

왜 인간을 사회적 동물이라고 하는지, 사회라고 하는 것이 구체적으로 무엇인지, 그로 인해 사회가 곧 관계라는 것을 알게 되고 상대를 인식하게 되고 존중하게 된다. 쉽게 상처주고 상처받을 수 있다는 사실을 체득했기 때문이다. 사람을 가장 힘들게 하는 것도 행복하게 하는 것도 사람이다.

비로소 삶을 진정으로 이해하고 사람다운 사람이 되고자 하는 자기 책임을 갖게 된다. 사람답게 된다는 것은 공헌에 기초한 관계를 형성하고 그 속에서 함께 성장해간다는 의미를 갖고 있다. 이것이 아이에서 어른으로 되어가는 과정일 것이다.

그러나 이러한 삶속에서 겉만 어른의 모습을 한 채 여전히 어린아이처럼 모든 것을 소유하려 하고 내 마음대로 해야만 성에 차고 만족감을 느끼는 '어른아이 깡패'의 모습이 되기 십상이다. 과거의 굴레에서 쉽게 벗어나지 못하기 때문이다.

현재는 과거가 비추는 거울이다. 경험한 만큼만 볼 수 있고 경험을 통해 알게 된 것만으로 모든 상황을 해석한다. 과거의 관점으로 현재를 보는 것이다. 그래서 어떤 자극에 대해 그 사람이 하는 반응을 보면 과기의 삶을 알 수 있고 그로 인해 그 사람의 그릇을 가늠할 수 있다. 자신이 살아오면서 만든 세상 이외에는 헤아릴 수 있는 능력이 없기에 내가 알지 못하는 타인의 세상이 따로 존재할 수 있다는 생각조차 하지 못하고 자신이 인식하는 수준만큼 예단하고 결론짓기 때문이다. 있는 그대로의 사실을 보지 못하고 다름을 받아들이지 못하게 되고 내가 믿고 싶은 것을 사실이라고 고집하는 왜곡된 욕심으로 나타난다. 내가 믿고 있는 것이나 믿고 싶은 것에 대해 부정당한다는 것은 지금까지의 내 삶을 부정당한다고 느끼기 때문이다.

반면에 현재가 과거의 성찰이 비추는 거울인 사람들도 있다. 편협하고 고정된 사고로 만들어진 관점이 얼마나 위험하고 자신과 타인을 해칠 수 있는지 알기에 성찰을 통해 유연하고 깊이 있는 이해의 관점으로 현재를 대한다. 성찰은 어제의 교훈을 통해 내일의 변화 가능성을 지향한다.

상대방의 가능성을 알아주고 지금의 문제를 함께 고민하고 들어주고 스스로 방향과 방법을 찾을 수 있도록 도와주는 사람, 상대의 성공에 시기나 질투가 아닌 진정 어린 축하와 칭찬을 하고 작은 실수에도 비난이 아니라 격려를 하는 사람, 관계를 종속적으로 만들어 내가 원하는 대로 조종하는 것이 아니라 스스로 소중한 사람임을 느끼게 하여 빛이 날 수 있도록 응원해주고 마음껏 날갯짓할 수 있도록 열어주는 사람을 보면 자연히 머리가 숙여진다. 참된 어른의 모습이 태산처럼 느껴지기 때문이다.

종지기와 대접!

나는 각종 나물과 밥이 제 모습과 맛들을 뽐내며 쓱쓱 마음껏 어우러져 맛있는 비빔밥의 장이 될 수 있도록 하는 대접같은 어른이고 싶은데 아직 간장조차 겨우 담고 있는 종지기의 모습이다. 어른에게서 보게 되는 아이의 모습은 불편하지만 아직까진 나의 현주소이다. 그렇다고 체념할 일은 아니다. 아직까지 내 삶은 진행형이니까 말이다. 그래서 오늘도 이렇게 나는 글을 쓰면서 나를 성찰한다.

상대방의 가능성을 알아주는 사람,
상대의 성공에 진정 어린 축하를 하고
작은 실수에 비난이 아닌 격려를 하는 사람…
종지기가 아닌 대접의 크기로 상대방을 품을 수 있는
참된 어른이 많아지면 소통을 가로막는 것들도 사라진다.

PART 02

나를 단단하게 하는 것

소 통 좀 잘 하 고 싶 어

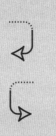

잘 받아야 잘 줄 수 있다

소통은 상대와 끊임없이

공을 주고받는 행위이다.

 소통에 있어 평소 나의 소신은 "잘 받아야 잘 줄 수 있다"는 것이다. 축구 경기를 할 때 나에게 오는 공을 잘 컨트롤할 수 있어야 동료에게 패스를 잘할 수 있는 것과 같은 이치이다.

 공을 잘 받기 위해서는 안정된 마음과 자세가 무엇보다 중요하다. 몸과 마음의 균형이 흐트러진 상태에서는 처리하기 쉬운 공도 실수를 하게 마련이다. 소통은 상대와 끊임없이 공을 주고받는 행위이다. 소통의 기술과 방법도 중요하지만 잘 받을 수 있는 마음의 그릇이 불안정하거나 깨져 있으면 무용지물이 되고 만다.

 안정된 상태는 무엇을 뜻하는 것일까?

누구나 지정석을 가지고 있다. '지정석'은 자신의 존재의 의미를 일컫는 것이다. 즉, 자기 자리다.

가정에서, 직장에서, 단체에서 각기 제 모습이게 하는 자리다. 누구나 갖고 있지만 아무나 지정석의 값을 다하는 것은 아닐 것이다. 이름뿐인 지정석은 자기 자리가 아니다. 자신의 존재의 의미를 실현하는 자리가 지정석이다. 지정석은 거저 얻어지거나 누군가가 나에게 주는 것이 아니라 스스로 만드는 자리이다.

그런 자리는 권위를 가지게 된다. 권위는 물리적인 힘에 의해 쟁취하는 것이 아니라 그 자리의 의미를 다함으로써 자연스럽게 생겨나는 힘이다. 신뢰가 그 바탕이다. 권위적인 것과 권위주의가 아니다.

신뢰를 바탕으로 하는 힘은 존경까지는 아니더라도 존중하게 된다. 존중은 귀히 여기고 중하게 생각하는 마음의 발로이다. 자기 자리의 의미를 실현함으로써 상대방이 보내는 마음이기도 하지만 그보다는 스스로 자기 자리를 귀하고 중하게 여김으로써 자연스럽게 나타나는 마음의 존중이다.

이렇게 나의 자리, 나의 일을 귀하게 여긴다면 무엇을 해야 하는지 알아차리게 된다. 이것이 역할이다. 역할은 마땅히 해야 할 일을 하고 하지 말아야 할 일은 하지 않는 것이다. 특별한 일을 하는 것이 아니라 마땅히 해야 할 일을 하는 것이 참으로 중요하다. 왜냐하면 특별한 일과는 달리 마땅히 해야 할 일을 하지 않으면 근본이 깨지기 때문이다. 곧 파멸을 자초할 수 있다. 역할에 대한 이해가 중요한 이유이다.

마땅히 해야 할 일을 알게 된다면 책임을 느끼게 된다. 책임을 다한다는 것은 해야 할 일이나 모습이 그 자체가 될 때까지 끝까지 최선을 다한다는 것을 의미한다. 제 모습을 갖추도록 지속적으로 노력하는 자세가 책임지는 모습이다.

이런 사람에게서는 향기가 난다. 우리는 이 향기를 좋은 영향이라고 말한다. 좋은 향기가 나는 사람, 좋은 영향을 주는 사람, 그로 인해 좋은 향기를 맡는 사람, 좋은 영향을 받는 사람, 그런 사람들이 어우러져야 더불어 산다고 할 수 있다. 더불어 어울리며 사는 삶은 누군가를 해치는 삶이 아니라 서로 부대끼는 과정 속에 좋은 영향을 주어 스스로를 변화하도록 자극하는 삶이 될 것이다.

이런 모습이 흔히 얘기하는 안정된 상태, 단단한 삶이 아닐까? 자기 자리의 의미를 이해하고 실현하여 진정한 자기다움의 지정석을 스스로 만들어나갈 때 이루어지는 최상의 성과물일 것이다.

'지정석은 권위(신뢰)를 낳고, 권위는 존중을 낳고, 존중은 역할을 낳고, 역할은 책임을 낳고, 책임은 영향력을 낳고, 영향력은 더불어 삶을 낳고, 더불어 삶은 진정한 나를 낳는다.'를 생각하며 "잘 받아야 잘 줄 수 있다"는 사실을 다시 한 번 새겨본다.

소통의 기술과 방법도 중요하지만 그에 앞서,
잘 받을 수 있는 마음의 그릇이
안정되어 있어야 한다.

삶의 둥지를 만들기 위해 필요한 것

내가 원하는 것은 정확히 무엇인가

길을 걷다 보면 나뭇가지 사이에 다소곳이 자리를 틀고 있는 새 둥지를 만나게 된다. 볼 때마다 신기하다는 생각이 든다. 새들은 어떻게 아무것도 없는 가지 위에 튼튼한 둥지를 만들 수 있을까 궁금하다.

둥지에 시선을 고정한 채 잠시 머무는 사이 머릿속에서는 상상의 나래가 펼쳐진다. 처음 어미 새는 알을 낳아 안전하게 새끼를 기를 수 있는 둥지가 필요했을 것이다. 여기저기 날아다니며 장소를 물색하다 꼭 맞는 곳을 발견한다. 둥지를 지탱하기에 충분한 버팀목이 될 수 있는 나무와 외부의 위협으로부터 새끼를 지킬 수 있는 적당한 높이의 장소를 결정한다.

둥지를 꾸밀 수 있는 알맞은 나뭇가지를 물어온다. 첫 번째 나뭇가지를 둥지를 지을 튼튼한 가지 위에 올려놓는다. 다시 나뭇가지를 물어오기 위해 날아오른다. 지지대 없이 놓여 있던 첫 번째 작은 나뭇가지가 바람에 위태롭다가 아래로 떨어진다. 어미 새가 돌아왔을 때는 아무것도 없다. 다시 처음부터 시작한다. 이번에는 다행히 이전의 나뭇가지가 그대로 남아 있다. 어미 새는 다음 나뭇가지를 어떻게 놓을까? 옷감을 짤 때 씨줄과 날줄이 교차하듯이 엇갈려 놓지 않을까. 벽돌을 쌓듯 나뭇가지를 쌓을 수는 없을 것이다. 그렇게 얽히고설키며 한 가닥 한 가닥 쌓아가다 보면 조금씩 기본 모양을 갖추게 된다. 그 다음부터는 이전보다 공사하는 속도가 빨라진다. 전체적인 외형이 갖추어지면 안쪽에는 부드러운 재료들로 마감을 할 것이다.

완성된 둥지에서 어미 새는 알을 낳고 새끼들이 독립할 때까지 보살필 것이다. 그러는 동안 둥지는 나무와 하나가 되어 처음부터 그곳에 있었던 양, 처음부터 나무였듯이 아름다운 조화를 이루게 된다. 웬만한 바람에도 끄떡없이 버티면서 둥지로서의 제역할을 다할 것이다.

생각이 여기까지 이르자 문득 우리가 살아가고 있는 둥지도 이와 같은 과정으로 만들어지는 것이 아닌가 하는 마음이

든다. 가정이든, 직장이든, 단체든 우리들은 살아가면서 둥지를 만들게 된다. 어미 새에게 생존과 번식이라는 목적이 있었듯이 우리도 마찬가지다.

삶의 둥지가 만들어지는 과정을 살펴보기로 하자.

첫 번째, 원하는 바가 있어야 한다. 원하는 바는 목적이 될 것이다. 목적은 둥지의 존재 이유이다.

두 번째, 둥지를 틀 장소를 정하고 만들기 시작한다. 어미 새에게 둥지는 수많은 나뭇가지가 있어야 하지만 삶의 둥지는 목적을 함께 공유하고 동참하고자 하는 사람들이 있어야 한다. 한 사람 한 사람이 모여 튼튼한 둥지가 된다. 여기에 어미 새의 지혜가 똑같이 적용된다. 나뭇가지를 얽히고설키게 놓아야만 무너지지 않고 튼튼한 둥지가 되듯이 삶의 둥지도 다양한 사람들이 모여야만 흔들리지 않고 제 목적을 향해 바르게 나아갈 수 있는 둥지가 된다. 씨줄의 사람도 있어야 하고 날줄의 사람도 있어야 한다. 그리고 서로 어우러져야 한다. 서로 다른 사람들이 함께 토론하고 궁리하면서 만들어가야 한다. 하지만 실제는 나와 같은 생각을 가진 사람끼리 짝짜꿍하면서 쉽게 가려고 한다. 다른 의견은 좀처럼 수용되지 못하고 갈등과 반목으로 이어진다. 애초의 목적은 온데간데없어진다. 작은 바람에도 쉽게 무너진다. 다른 생각을 갖고 있다고 해서 목적 자체가 다른 것은 아니라는 것을 간과해서는 안 된다. 생각과 방법에 차이가 있을 뿐이다. 건강하고 든든한 둥지는 아무런 문제가 없는 둥지가 아니라 문제를 이해하고 슬기롭게 해결하는 둥지다. 씨줄과 날줄이 없으면 옷감을 짤 수 없다는 것을 잊지 말아야 한다.

세 번째, 둥지가 완성되면 제 역할을 다해야 한다. 둥지의 존재 이유를 다양한 모습으로 실현해나가야 한다. 우리가 삶을 통해 이루고자 했던 바를 하나하나 성취하는 과정에서 보람되고 의미 있는 둥지가 되어 세상 속으로 자연스럽게 스며들게 될 것이다.

자기다움이라는 참된 모습으로 함께 어우러져 삶을 가꾸어나갈 때 둥지는 아름다운 삶의 터전이 될 것이다.

다시 고개를 들고 높은 가지 위에 다소곳이 자리를 틀고 있는 둥지를 바라본다. 마음이 따뜻해진다.

· · ·

둥지가 만들어지기 위해서는
우리 각자 한 사람 한 사람이
나뭇가지이면서 둥지라는 사실을 잊지 않아야 한다.

나는 과연 무엇으로 나인가

내가 있어야 할 곳,
내가 해야 할 일

우리는 무엇으로 우리 자신이 될 수 있을까?

겨울이면 아주 큰 역할을 하는, 꼭 필요한 '난로'를 보며 생각의 꼬리를 이어보았다.

난로 곁에 있으면 찬 기운에 움츠렸던 어깨가 펴지고 마음도 편안해진다. '난로는 무엇으로 난로일까?' 따뜻한 열을 생산해내는 것? 만약 난로가 열을 발산할 수 없다면 더 이상 난로가 아닐 것이다. 켜지 않는 난로 또는 켜지지 않는 난로에 보석을 붙이고 형형색색 색칠을 하고 아름다운 조명을 붙여 치장을 해서 보기 좋게 꾸미더라도 난로라 할 수 없다. 난로가 열을 생산함으로써 난로가 될 수 있듯이 우리들도 자신이 생산하는 것을 통해 내가 될 수 있을 것이다.

'그럼, 나는 무엇으로 나일까?'

이 질문에 답을 하는 삶이어야 할 것 같다.

어쩌면 우리는 우리가 만드는 생산물과 그 의미에 의해서가 아니라 우리가 소비하는 상품 또는 등가물을 통해 자신을 인식하는 경향을 갖고 있지는 않을까?

나의 직업과 직위에 의해서, 내가 타고 다니는 자동차의 가격에 의해서, 내가 살고 있는 집의 규모에 의해서, 내가 입고 다니는 옷의 브랜드에 의해서, 내가 알고 있는 저명한 사람들에 의해서 등 내가 아닌 내가 가진 조건을 나라고 인식하고 있지는 않을까?

만약 이런 식으로 나를 느낀다면 온전히 나라는 사람으로 나를 이루며 살아갈까, 아니면 물질과 조건에 종속되어 그 유무에 의해 삶을 지탱하게 될까?

난로는 언제 행복할까? 자신의 모습을 잃어버린 채 화려하게 치장을 하고 많은 사람들에게 둘러싸여 눈요기가 되었을 때일까? 아니면 있어야 할 곳에서 자신에게 맞는 열을 발산하며 주위에 따뜻한 온기를 전해줄 때일까?

올 겨울에는 내 책상 옆에 놓여 있는 작은 난로의 열기를 쬐면서 **나는 과연 무엇으로 나인가를 생각하고, 내 모습이 되기 위해 본연의 역할을 다하고 있는지 생각해보는 시간을 가져야겠다.** 나도 모르게 물질의 유혹과 좀 더 빨리 가고 싶어 섣부른 지름길을 찾으려는 조급함으로부터 나를 바로잡아 세우기 위해서 말이다.

나는 난로의 행복을 내 인생에서 오롯이 피워내고 싶다.

· · ·

'난로는 무엇으로 난로일까?'
난로가 열을 생산함으로써 난로가 될 수 있듯이
나도 내가 생산하는 것을 통해 내가 될 수 있다.
'그럼, 나는 무엇으로 나일까?'
이 질문에 답을 하는 삶이어야 한다.

존재냐, 행위냐!

어떻게 생각하고 말하고 행동하느냐에 따라

나라는 모습이 만들어져 간다.

《감옥으로부터의 사색》의 저자 고 신영복 선생님께서 쓴 글씨 중 〈삶〉이라는 작품을 무척 좋아한다. 선생님의 또 다른 저서인 《처음처럼》에 '삶'이라는 글씨와 함께 '사람과 삶'이라는 글이 실려 있는데 그대로 옮겨본다.

삶

'사람'으로 읽어도 좋습니다. 그리고 '삶'이라고 읽어도 좋습니다. 사람의 준말이 삶이기 때문입니다. 우리의 삶은 사람과의 만남입니다. 우리가 일생 동안 경영하는 70%가 사람과의 일입니다. 좋은 사람을 만나고 좋은 사람이 되는 것이 나의 삶과 우리의 삶을 아름답게 만들어가는 일입니다.

한 단어 속에 삶의 본질을 온전히 담아내는 성찰에 온몸이 얼어붙는 것 같다. 우리 모두는 하나의 고유한 존재로 태어나 일생의 만남과 행위를 통해 나라는 고유한 존재로 완성된다.

태어나는 그 순간에는 더할 것도 덜할 것도 없는 존재하는 그 자체로 가족들과 관계를 맺으면서 삶을 시작한다. 점점 자라면서 사회에서 다양한 사람들을 만나며 내 삶의 지평을 넓혀간다. 이때부터는 나의 행위가 나의 존재를 만들게 된다. 즉, 어떻게 생각하고 말하고 행동하느냐에 따라 나라는 모습이 만들어져간다. 내가 원하는 모습이든 아니든 말이다. 나 자신은 어떻게 존재하는가에 대한 답이라고 할 수 있다.

좋은 사람을 만나고, 좋은 사람이 되는 것. 이것이 아름다운 삶을 만드는 길이라는 신영복 선생님의 말씀에 공감이 간다.

그렇다면, 어떻게 하면 좋은 사람을 만날 수 있고 나 또한 좋은 사람이 될 수 있을까? 좋은 사람이 된다는 것은 좋은 행위를 하는 사람이 된다는 뜻일 것이다. 좋은 행위는 어떤 행위일까?

우리는 내 마음에 들면 좋은 사람 그렇지 않으면 안 좋은 사람으로, 나에게 필요하면 좋은 사람 그렇지 않으면 안 좋은 사람 등 나의 호불호에 따라 상대방을 인식하는 경향이 있다. 상대방을 그 자체로 대하느냐 아니면 나의 기대와 필요에 의해 대하느냐의 차이일 것이다.

이 세상에 존재 자체가 소중하지 않은 사람이 있을까? 자식이 속을 썩여 꼴도 보기 싫을 만큼 미울 때가 있다. 속을 썩인다는 것은 부모 마음에 안 든다는 것이다. 본의 아니게 심한 말과 행동을 하여 지울 수 없는 상처를 주지만 자식을 영원히 이 세상에서 볼 수 없게 된다면 우리의 생각과 행동은 어떻게 될까? 아이의 존재 자체 이외에 문제될 것이 있을까? 사회에서 만나 관계를 맺으면서 살아가는 사람들도 마찬가지 아닐까?

좋은 행위는 상대를 나의 욕구나 필요를 채워주는 수단이 아니라 존재 그 자체로 소중하게 받아들일 때 자연스럽게 나오는 것이 아닐까? 존재의 소중함에 대한 깨달음이 나의 생각과 행동을 좌우한다. 또 그런 나의 행위가 나의 존재를 만든다.

> ● ● ● ●
>
> **존재가 행위고 행위가 존재다.**
> **아름다운 삶을 만드는 길은**
> **좋은 사람을 만나고, 좋은 사람이 되는 것!**

벗어나는 자유, 내버려두는 자유

진정한 자유의지에 의해

본연의 내가 되는 삶의 시작

박승오, 홍승완 공저의 《위대한 멈춤》이라는 책을 보면, 자유의지를 깨닫고 자신의 삶을 되찾은 '서번트 리더십'의 대가 조지프 자보르스키에 대한 이야기가 나온다.

처음부터 그가 리더십 분야의 전문가는 아니었다. 변호사로서 최상위층의 삶을 살던 마흔 살의 어느 날, 느닷없이 아내로부터 이혼 통보를 받으며 그의 삶은 끝도 없는 나락으로 떨어진다. 가족을 잃은 슬픔, 지금까지의 자신의 삶에 대해 후회하며 5년이라는 긴 방황 속에서 자보르스키는 진정한 자유에 대해 깨닫게 된다. 그의 말을 인용해서 옮겨본다.

그날 오후 늦게 여전히 성당을 서성이며 나는 자유의 두 가지 개념에 대해 생각했다. 첫 번째 자유는 '벗어나는 자유'였다. 말하자면 환경의 억압으로부터 벗어나는 자유였다. 아버지의 그늘에서 생존 투쟁을 벌이던 15년 동안 내가 주로 느낀 것이 바로 순응하는 삶에서 벗어나고픈 욕구였다. 하지만 이즈음 또 다른 개념의 자유가 깊은 심연에서 떠오르기 시작했다. 전심전력을 다해 삶의 목표를 좇아가는 자유, 동시에 통제하거나 인위적으로 만들어내지 않고 삶의 창조적 기운이 자신을 통과하여 움직이도록 '내버려두는 자유'였다.

삶을 통째로 잃어버린 절망의 순간에 자보르스키는 진정한 자유의 의미를 깨닫고 자신이 원하는 삶이 무엇이었는지를 발견하게 된다. 이때부터 자신을 짓눌렀던 환경의 억압에서 벗어나 새롭게 열린 길을 통제하거나 인위적으로 조종하지 않고 걸어나간다. 자신과 같은 위기에 처한 사람들이 많음을 깨닫고 본연의 자신이 될 수 있도록 도와주는 일을 충실히 해나감으로써 본인 스스로 자유로운 삶을 개척하는 기적을 일군다.

벗어나는 자유, 내버려두는 자유. 그로 인해 본연의 내가 되는 자유!

우리 모두가 갈망하는 삶의 모습이다. 하지만 실천하는 삶이 되기까지는 결코 녹록지 않다. 오랫동안 사회로부터 학습하여온 고정된 기준의 틀을 깬다는 것, 과정에 충실하되 결과에 초연해진다는 것, 확신할 수 없는 미래의 불안을 자신의 존재의 의미를 실현하고자 하는 의지로 극복한다는 것 자체가 말처럼 쉽지 않다. 기존의 체계에서 새로운 세계로 나아갈 때에는 열길 낭떠러지에서 혈혈단신으로 뛰어내리는 것과 같은 두려움을 느끼게 되기 때문이다.

진정한 자유의지에 의해 본연의 내가 되는 삶의 시작은 삶에 대한 깊이 있는 이해와 스스로가 간절히 원하는 것이 무엇인지에 대한 이해, 즉 자신의 삶의 의미가 무엇인지 절절하게 깨달았을 때에만 가능할 것이다. 용기는 무모함이 아니라 진정한 이해와 자각에서 생겨나는 에너지이기 때문이다.

이러한 패러다임의 변화는 너무나 안타깝게도 **일상이 더 이상 일상이 아닐 때 비로소 시작된다.** 하지만 용기를 가지고 자신의 길을 선택하고 나아가는 순간 또 다른 기적이 일어난다. 그것은 바로 혼자가 아니라는 것을 깨닫게 된다는 것이다. 평탄하고 쉽지는 않겠지만 같은 길을 걸어갔고, 걸어가고 있으며, 앞으로 걸어갈 수많은 사람이 있음을 알게 되고 서로 도움을 주고받으며 함께할 인연을 만나게 된다.

자보르스키 또한 인생의 중반에서 겪은 쓰디쓴 상실의 고통을 통해 자신의 삶의 의미를 통렬하게 깨닫지 못했다면, 또 그 길로 나아가지 않았다면 본연의 자신이 되는 삶으로의 이행은 불가능했을 것이다. 삶이 열어준 길 위에서 협력자를 만나는 기적 또한 일어나지 않았을 것이다. 리더십 분야에 전혀 문외한이었던 그가 미국 전역에 아메리칸 리더십 센터를 설립하는 일은 있을 수 없었을 것이다. 그로 인해 서번트 리더십의 대가 조지프 자보르스키도 존재할 수 없었을 것이다. 그로부터 영향을 받아서 제 삶을 다시 설계하고 개척한 많은 사람들도 존재할 수 없었을 것이다.

벗어나는 자유, 내버려두는 자유, 그로 인해 본연의 내가 되는 삶을 생각해본다.

나는 진정 무엇을 원하는가?
본연의 내가 되기 위해 나를 기꺼이 던지고 있는가?
그렇지 않다면 나는 무엇을 두려워하는가?
두려움으로 인한 회피가 진정 나를 이룰 수 있는가?
그 삶에 만족하는가? 그로 인해 행복한가?

겁 많은 자존심, 존대한 수치심

나의 길을 만들어나가기 위해

꼭 살펴봐야 할 내면의 모습

당나라 현종 때 이징이란 사람이 있었다. 그는 학식과 재능이 뛰어나 이른 나이에 진사시에 급제를 하고 관직에 나가게 된다. 하지만 자신의 능력에 비해 초라하기 짝이 없는 직책과 하찮은 재주로 높은 자리에 앉아 거들먹거리는 상관의 밑에서 머리를 숙여야 하는 현실을 받아들이지 못하고 괴로워한다. 시인으로 명성을 얻는 것이 더 이롭다 판단하여 관직을 버리고 뛰쳐나온다. 그러다 이마저도 여의치 않아 세월만 거스르다가 결국 불같은 성정과 성공에 대한 조바심을 다스리지 못하고 미쳐 날뛰다가 사나운 호랑이가 되고 만다.

그렇게 인간 이징은 세상에서 사라지고 짐승이 된 이징.

어느 날 산골짜기를 지나가는 인간을 잡아먹기 위해 달려들다가 황급히 몸을 돌려 숲속으로 사라진다. 왜냐하면 자신이 잡아먹으려고 했던 사람이 그 옛날 함께 진사시에 합격했던 이징의 유일한 벗이었던 원참임을 알아보았기 때문이다.

짐승이 된 이징과 감찰어사가 된 친구 원참의 기막힌 해후.

차마 흉측하게 변해버린 자신의 모습을 드러내지 못하고 숲속에 몸을 가린 채 벗에게 자신이 왜 호랑이가 될 수밖에 없었는지를 털어놓는다. 작은 재주 하나만을 믿고 오만했던 자신을 세상 사람들은 자존심이 강한 사람이라고 말했지만 사실은 재능이 없는 것을 들킬까 두려워했던 수치심 때문이었다고 고백한다.

그로 인한 시기와 질투, 수치와 분노에 휩싸인 채 자신을 잃어버리게 되었고 그 자리를 맹수같은 또 다른 인간의 성정이 차지하는 순간 호랑이가 되었다고 비통해한다.

"지금 생각하면 나는 내가 갖고 있던 약간의 재능을 허비해버린 셈이지. 인생은 아무것도 이루지 않기에는 너무도 길지만 무언가를 이루기에는 짧은 것이라고 입으로는 경구를 읊조리면서, 사실은 자신의 부족한 재능이 드러날지도 모른다는 비겁한 두려움과 고심을 싫어하는 게으름이 나의 모든 것이었던 게지. 나보다도 훨씬 모자라는 재능을 가졌음에도 오로지 그것을 갈고 닦는 데 전념한 결과 당당한 시인이 된 사람들이 얼마든지 있는데 말이야."

나카지마 아츠시의 소설 《산월기》에 나오는 내용이다.

이징의 모습에서 나의 모습을 발견한다. 새들의 왕인 독수리도 나는 법부터 배우고 아무리 위대한 사람이라 하더라도 걷는 법부터 배우는 것이 세상의 이치임을 잘 알지만 가슴으로 받아들여 내 삶으로 실천하기란 너무나 힘겹다. 그보다는 무엇인 체하면서 서둘러 커튼을 쳐버리는 것이 훨씬 쉽다. 《굿바이 게으름》을 쓴 문요한은 "게으름이란 늘 하던 대로 하는 것이며 게으른 사람은 늘 하던 대로만 하는 사람이다."라고 정의하고 있다.

존대한 자존심과 겁 많은 수치심, 겁 많은 자존심과 존대한 수치심!

짧지 않으나 짧기도 한 인생에서 자신의 길을 만들어나가기 위해 꼭 살펴봐야 할 내면의 모습이 아닌가 생각해본다. 왜냐하면 두 경우 모두가 내 안에서 함께 살아가고 있으며 어느

쪽 편을 들어주느냐에 따라 내면의 내 모습이 현실의 모습이
되기 때문이다.

인생은 아무것도 이루지 않기에는 너무 길고
나보다 훨씬 모자라는 재능을 가졌음에도
오로지 그것을 갈고 닦는 데 전념하여
많은 걸 이뤄낸 사람도 많다.
아무리 작고 사소한 재능이라도
갖고 있는 재능을 허비해서는 안 된다.

아무리 아파도 멈출 수 없는 길

살아가면서 감당하기 어려운 순간,

내 삶의 길을 다시 새겨본다.

1597년 2월 : 왜적의 계략으로 죄인의 몸이 되어

　　　　　　서울로 압송, 삭탈관직.

1597년 4월 : 두 번째 백의종군, 어머님 별세.

1597년 7월 : 칠천량 해전 패전으로 조선 수군 궤멸,

　　　　　　삼도수군통제사로 재등용.

1597년 9월 : 명량해전 승리.

1597년 10월 : 아들 이면 왜적의 습격으로 사망.

1598년 4월 : 고금도를 거점으로 조선 수군 재건.

1598년 11월 : 노량해전에서 전사, 전쟁종식.

이순신 장군이 노량의 바다에서 영면하기까지 2년도 채 안
되는 기간 동안 겪었던 일이다. 장군의 54년 전 생애를 통틀어
가장 힘들고 고통스러운 시기가 마지막 2년이었다.

삼도수군통제사로서 임진년 왜적의 침략으로 바람 앞에 등
불처럼 위태로웠던 조선을 구한 영웅 이순신 장군!

정유년 재침을 위해 이순신 장군을 먼저 제거해야만 했던
왜적은 계략을 꾸몄고 무능하고 무책임했던 조선의 왕과 신료
들은 왜적과 같은 편인 양 하루아침에 영웅을 죄인으로 만들어
버렸다. 그나마 뜻있는 바른 이들이 있어 겨우 목숨은 건졌으
나 두 번째 백의종군이라는 치욕을 겪게 된다. 이 한 가지 일만
겪더라도 삶은 송두리째 뽑혀 무너져버릴 것이다. 하지만 장군
에게는 고작 시련의 시작일 뿐이다.

아들이 풀려났다는 소식을 들은 병든 노모는 마지막으로
아들의 얼굴을 보기 위해 여수에서 배를 타고 올라오다가 그만
세상을 떠나고 만다. 효심이 지극했던 장군은 싸늘하게 변한
어머니의 시신을 안고 통곡한다. 죄인의 몸으로 어머니상(喪)
을 제대로 치르지도 못하고 발령지로 떠나야만 했다. 옥고를
치르느라 병든 몸에 어머니의 별세로 정신적 충격까지 입은 장

군의 심정은 과연 어떠했을까?

그 와중에 원균은 칠천량 해전에서 대패하여 왜적들이 오줌을 지리며 벌벌 떨었던 장군의 최강 수군을 한순간에 궤멸시켜버린다. 몸을 추스르기도 어려웠을 장군에게 왕은 기억상실증 환자라도 된 듯 아무렇지 않게 삼도수군통제사를 다시 제수하여 도탄에 빠진 나라와 자신을 구하라고 한다. 피가 거꾸로 솟고 분노가 하늘과 땅을 가를 만도 한데 장군은 명을 받아 궤멸된 수군을 다시 수습한다. 그리고 두 달 뒤 진도의 울돌목에서 12척의 배로 133척의 왜적을 거침없이 소용돌이 속으로 처박아버린다.

하지만 명량의 대승은 한 달 뒤 장군이 아끼고 사랑했던 아들 면이의 죽음으로 돌아온다. 어머니를 여읜 지 반 년만에 왜적의 손에 아들마저 잃었다. 장군은 난중일기에 피를 토하는 심정을 적었다.

'하늘이 어찌 이다지도 인자하지 못하신고. 간담이 타고 찢어지는 듯하다. 내가 죽고 네가 사는 것이 마땅하거늘, 네가 죽고 내가 살았으니 이런 어긋난 일이 어디에 있을 것이냐. 천지가 캄캄하고 해조차도 그 빛이 변했구나. 슬프고 슬프도다. 내 아들아, 나를 버리고 너는 어디로 갔느냐!'

장군이기에 앞서 인간이기에 청천벽력과 같은 일을 거듭 겪게 되면 도저히 버틸 수 없을 것이다. 하지만 장군은 고하도와 고금도로 통제영을 옮기면서 조선의 수군을 임진왜란 전보다 더욱 강성하게 완전히 재건한다. 칠천량 해전으로 수군이 전멸되고 불과 10개월만에 이룩한 업적이다. 인간으로서는 감당할 수 없는 비통한 일을 겪으면서 말이다. 그리고 그 해 11월 19일 노량의 바다에 왜적들을 수장시키며 지독했던 전쟁을 끝낸다. 장군의 목숨과 맞바꾸어서.

장군 이순신의 면에서만 보더라도 세계사에 전무후무한 업적을 남긴 성웅이지만, 인간 이순신의 면에서 본다면 인간의 경계를 넘어선 성인이다.

'어떻게 그는 이순신이 될 수 있었는가?'

아들 면이가 죽었다는 소식을 듣고도 목놓아 통곡조차 하지 못하고 3일이나 지나서 소금 창고에 들어가 몰래 통곡했다는 기록에서 보듯이 전란 통에 자신만이 겪는 일이 아니었기에 더 이상 이와 같은 비극이 일어나지 않도록 한시라도 빨리 왜적을 몰살시키고 전쟁을 끝내는 것이 자신의 존재 의미라고 새기고 새기지 않았을까?

　시기와 모함을 한 자들을 원망하고 응징하기보다 근본 원인이 힘이 없어 왜적의 침입을 당했기 때문이라는 것을 한시도 잊지 않고 다시는 넘볼 생각조차 못하도록 조선의 힘을 보여주는 것이 자신의 삶의 의미임을 잊지 않으려 몸부림친 게 아니었을까?

　아무리 아파도 멈출 수 없는 길.
　이순신 장군의 삶을 통해 내 삶의 길을 다시 새겨본다.

• • •

살면서 우리는 누구나 감당하기 어려운 순간에 처하게 된다.
한순간 쓸려가버릴 수도 있는 나의 삶을 지키는 길은
어떠한 순간에도 삶의 의미를 잃어버리지 않는 것이다.
그리고 그 의미를 실현하는 행동이다.

한 그루의 나무에서 더불어 숲으로

더불어 숲을 이루는 한 그루의 나무가 되어

참다운 세상을 만드는 데 기여한 신영복 선생의 이야기

2016년 1월 15일. 이 날은 혁명가로서, 사상가로서, 철학가로서, 서예가로서, 수필가로서, 실천가로서 한평생을 바친 쇠귀 신영복 선생이 세상을 떠난 날이다. 장례는 성공회대학교장으로 치러졌다. 16일 3,500여 명, 17일 4,000여 명이 조문했고 영결식 당일에는 수많은 사람들이 마지막 가는 길을 함께했다고 한다.

"오늘 이 자리는 자연인 스승을 보내는 자리지만 반대로 영원한 스승 신영복을 맞는 자리입니다." 라는 추도사처럼 그는 시대의 큰 스승이 되어 지금도 우리 곁에 살아 숨쉬고 있다.

신영복 선생은 1941년 다소 유복한 가정에서 태어났다. 한

학자이신 할아버지로부터 다섯 살 때부터 한학을 배워 유교적 소양을 익혔고, 일제강점기가 막바지로 접어들면서 광기를 뿜어대고 있던 시기에는 교장 선생님이자 민족 교육자로서 한글 교육과 보급에 앞장 선 아버지의 영향으로 고유한 민족사상과 주체사상을 자연스럽게 다지게 되었다.

그는 명석한 두뇌와 낙천적이고 활기찬 성격 덕분에 공부를 비롯해 다방면에서 뛰어난 능력을 보인다. 중학교 시절에 아버지의 참의원 선거 낙선으로 가세가 기울어서 부산상고로 진학하지만 그의 능력을 아깝게 여긴 선생님들의 권유로 서울대 상대 경제학과에 입학하게 된다. 입학 다음 해 4.19혁명을 현장에서 겪으며 잠시 동안 자유의 하늘을 보게 되지만 곧바로 5.16 군사 정변으로 좌절하게 된다. 4.19혁명의 실패와 미국으로부터 쿠데타 정권의 정통성을 인정받아야 하는 상황 속에서 미국이 중국과 소련을 견제하기 위해 일본과의 국교정상화를 강요했을 때 국민의 정서와는 반하는 국교수립을 강행하는 것을 보고 아직 우리나라는 식민지에서 벗어나지 못했음을 느끼고 주체성과 독립성을 갖추는 것이 무엇보다 중요하다는 생각에 혁명가가 되기로 다짐한다.

비판적이고 논리적인 사고와 실력을 갖추기 위해 독서모임 지도와 야학, 문예지 기고 등의 활동을 왕성하게 펼치며 동기들이 모두 사회로 진출할 때 신영복은 자신의 역량을 더 키우기 위해 대학원에 진학을 하고 졸업을 한다. 지도교수의 추천으로 육군사관학교에 교관으로 임관해 강의를 하던 중 일명 통혁당 사건이 터진다. 주동자들과의 몇 번 만남이 있었다는 이유와 학교 내 각종 동아리 활동을 주도했다는 것만으로 핵심 주동자로 억울하게 몰려 군사재판 1심과 2심에서 모두 사형 선고를 받고 대법원에서 최종 무기징역에 처해진다.

이때 그의 나이 27세였다. 미래가 창창했고 진정한 독립된 나라를 꿈꾸었던 젊은 혁명가 신영복은 이렇게 기득권층의 권력 싸움과 복잡하고 불안정한 사회정세의 피해자가 되어 끝을 알 수 없는 깊고 어두운 터널 속으로 빠져들었다. 그리고 20년 20일 동안 그곳에 갇히게 된다. 보통 사람 같았으면 절망하고 자포자기했을지도 모른다. 그랬다면 우리가 기억하는 신영복은 없었을 것이다. 하지만 신영복 선생은 자신이 겪고 있는 암담한 불행이 결코 개인의 영역이 아니라고 생각했다. 언제 끝날지 모르지만 더불어 숲을 이루는 한 그루의 나무가 되어 참다운 세상을 만드는 데 기여하기로 다짐한다.

힘 있는 자에게 빌붙어 기생하려는 식민지 근성에서 벗어나기 위해서는 고유한 전통적 힘을 가져야 한다는 생각으로 동양철학에서 그 답을 찾고자 몰두한다. 세상과 단절된 차디찬

감옥에서 빛을 찾기 위한 선생의 노력은 밑바닥 인생의 재소자들과의 인간적인 만남과 교류 그리고 노촌 이구영 선생을 만나면서 발화를 하였고 성찰적 관계론이라는 사상의 결과물을 만든다. 지금까지의 관념론적 이론의 관점에서 벗어나 실천적 관념론으로 승화한 것이다. 청년의 몸으로 들어갔다가 장년이 되어서 나온 선생은 감옥에서 체득한 사상을 세상을 떠나기 전까지 18년간 몸소 실천한다. 작고 이름 없던 성공회대는 선생의 강의로 인해 실천적 지식인의 양성소가 되었다. 힘이 없어 소외되고 삶의 희망조차 가질 수 없었던 밑바닥 사람들을 위한 기부 활동과 사회 변혁을 위한 강연 활동으로 '식민지화'라는 안대를 아직 벗어버리지 못한 사람들에게 새로운 세상을 볼 수 있는 눈을 뜨게 해주었고 희망을 갖게 했다.

참고 :《신영복 평전》최영묵, 김창남 저, 돌베개

'어떻게 그는 신영복이 될 수 있었는가?'

항상 낮은 자리에서 결코 자신의 업적을 드러내지 않고 묵묵히 한 그루의 나무가 되어 끝없이 세상을 향해 가지를 뻗은 그는 더불어 숲이 되어 그 속으로 걸어들어갔다. 이제는 그의 울림에 응답하는 많은 사람들이 또 다른 한 그루의 나무가 되어 더불어 숲을 이루어나가고 있다.

한 그루의 나무가 숲이 되기 위해서는 먼저 나무가 되어야 한다. 나무가 되기 위해서는 나는 어떤 나무인지, 내가 뿌리 내리고 있는 땅은 어떤 땅인지를 먼저 살피고 이곳에서 어엿한 나무가 되기 위해서는 어떤 자세를 가질 것인가를 생각하고 다짐해야 한다. 아무리 척박한 땅에 뿌리를 내렸더라도, 아무도 쳐다보지 않는 모습의 처지라고 해도 스스로 고유한 나무라는 사실을 잊어서는 안 된다.

그 다음은 혼자 사는 나무가 되어서는 안 된다. 옆 나무의 가지를 해칠 것 같으면 방향을 틀어서 함께 성장할 수 있도록 해야 한다. 나만 살겠다고 주변의 나무를 고려하지 않고 자라고 싶은 대로 자라거나 나에게 해가 될까 봐 먼저 해친다면 결국 혼자 남게 될 것이다. 혼자 남으면 모든 양분과 햇빛이 내 차지가 될 것 같지만 비바람이 그냥 내버려두지 않는다. 결국 혼자 맞서고 버티다 꺾여 남아나지 못한다. 개성을 존중하며 기회를 갖게 하고 스스로 자랄 수 있도록 비켜서 공간을 만들어줌과 동시에 보호막이 되어야 한다.

그리고 끝없이 울림이라는 씨앗을 뿌리고 널리 퍼트려 새로운 생명을 키워야 한다. 나 또한 누군가의 씨앗이었듯이 나도 누군가의 모태가 되어야 한다. 모태가 되는 길은 끝없는 공부와 모범이라는 실천일 것이다. 강한 자에게 빌붙는 식민지 근성을 먹고 사는 기생충이 아니라 주체성과 고유성이라는 사상을 먹고 자란 성숙한 인격이어야 한다.

이렇게 진정한 나무가 되면 생명의 숲이 된다. 숲에는 나무만 있는 것이 아니다. 수많은 생명들이 숲을 이루며 더불어 살아가는 세상을 이루게 된다. 한 그루의 울림 있는 나무가 된다는 것은 그 자체로 숲을 만드는 힘을 가지고 있다. 고 신영복 선생의 삶을 더듬으며 숙연하게 지금껏 키워온 나의 나무를 본다. 나는 어떤 울림이 있는 나무인가?

숲을 이루기 위해서는
먼저 나무가 되어야 한다.
혼자 사는 나무가 되어서는 안 된다.
그리고 끝없이 울림이라는 씨앗을 뿌리고
널리 퍼트려 새로운 생명을 키워내야 한다.

스스로 생각할 수 있는 힘

시키면 시키는 대로 하는 사람,

생각없이 따라하는 사람은 좀비와 다를 바 없다.

이 세상에서 가장 무서운 사람은 자기 생각이 없는 사람 또는 하나만 아는 사람이다. 맹목적으로 시키는 대로만 하는 사람, 하나만 알고 그것이 전부인 양 맹신하며 그것이 유일한 삶의 방편인 사람은 자신은 물론 주위뿐만 아니라 소중한 사람까지 잃게 만든다.

좋은 예가 될 수 있는 영화 한 편을 통해 알아보자.

〈부산행〉은 몇해 전 한국형 좀비 재난 영화로 관객 천만 명이상을 찍은 역작이다. 연상호 감독이 메가폰을 잡았고 공유와 마동석이 주연으로 열연했다. 영화 속 공유는 자신의 성공을

위해서 가족도 팽개치고 다른 사람의 피해나 불행은 손톱만큼
도 개의치 않으며 직진하는 냉혹한 증권회사 직원이다.

　사건은 유성바이오라는 회사에서 바이러스가 유출되면서
시작된다. 사람들이 좀비가 되고 이로 인해 걷잡을 수 없는 국
가 대재앙이 초래된다. 이 회사는 공유가 근무하는 증권사에서
사익을 위해 망하기 일보직전에 작전주를 통해 기사회생시킨
곳이다. 영화 말미에 공유의 직속 부하인 김 대리가 공유에게
전화해서 겁에 질린 목소리로 울먹이며 이렇게 얘기한다.

　"우리 잘못이 아니죠? 우리는 그냥 위에서 시키는 대로 했
을 뿐이잖아요? 우리는 시키면 시키는 대로 하는 사람이잖아
요."

　시키면 시키는 대로 하는 사람, 사람들이 무리지어 몰려갈
때 따라붙지 않으면 도태될까 봐 일단 엉겨붙어 그 속으로 파
고드는 사람, 겉만 멀쩡할 뿐 좀비와 다를 바 없다.

　자아의식이 없는 사람을 우리는 생각이 없는 사람이라고
부른다. 자신이 지금 어디에 있는지, 무언가를 하면서도 무엇
을 하고 있는지조차 모르는 사람이 자아의식이 없는 사람이다.
자신의 상태를 정확하게 파악할 줄 모르니 어떻게 살아야 하는
지를 가늠하지 못하고 가판대 위에 널부러진 동태의 눈이 되어

서 소리가 나면 그쪽으로 달려가고, 바람이 불면 바람이 가는 쪽으로 몸을 돌려 휘청거린다.

남들이 부는 호루라기 소리가 신호가 되어 바삐 움직이다가 아무 소리도 들리지 않으면 그 자리에 멈추어 서서 밭은 숨을 토해낼 뿐 꼼짝도 하지 못한다. 스스로를 키우려는 노력보다는 어디에 들러붙어야 좀 더 빨리, 좀 더 멀리, 좀 더 높이 갈 수 있을까에 신경 쓰다 보니 눈은 가재보다 더 옆으로 찢어진다. 잠시도 깊이, 자세히 보기 위해 머물지 못하니 동공은 흩어지다 못해 닫히지 못한다.

혹여 들러붙은 것이 운이 좋아 시세를 타면 한껏 부풀어올라 기고만장해져서 더욱 앞뒤 가리지 않고 시끄러운 소리를 낸다. 부딪치고 고꾸라지면서도 무작정 소리 나는 곳을 향해 필사적으로 달려가는 영화 속 좀비들의 장면이 오버랩된다.

지나친 비약일까? 자신을 똑바로 보지 못하는 사람은 그만큼 스스로에 대해 자신이 없는 사람이다. 좋은 모습일 때만 자신을 보려고 하는 사람은 불쌍한 사람이다. 멋진 사람 옆에 서면 나도 괜히 멋진 사람인 것 같아 주위를 기웃거리는 사람은 비참한 사람이다. 자신의 능력이 아니라 다른 사람 또는 환경을 탓해서 존재감을 드러내려는 사람은 비굴한 사람이다. 내 속에 얼마나 많은 이런 모습이 고개를 들이밀고 있는가.

생각 없는 사람, 시키면 시키는 대로 하는 사람, 따라만 하는 사람, 가식으로 포장해서 나 아닌 다른 사람으로 위장하는 사람. 내 삶을 좀비로 만드는 사람이 되지 않으려면 스스로 생각할 수 있는 힘을 가져야 한다.

그러려면 **용기가 필요하다. 자아의식을 통해 나를 있는 그대로 알아차리고 드러낼 수 있어야 한다.** 무엇을 들키고 싶지 않고 무엇을 두려워하는지 알아야 한다. 진정한 수치심이 무엇인지 깨달아야 한다. 이해력을 키우기 위해서는 어디에서 어떻게 시작해야 하는지 알아야 한다. 그 과정 속에서 겪고 감당해야 할 모습이 무엇인지 받아들여야 한다. 다른 사람이 요란하게 불어대는 호루라기 소리에 의연해져야 한다. 잠시만이라도 위장술로 나를 숨기고픈 유혹을 애처롭게 바라볼 수 있어야 한다.

자아의식을 통해 지금의 나를 알아차릴 때 나를 둘러싸고 있던 보호막이 보호막이 아니라 내가 깨트려야 할 좀비 근성이라는 것을 깨닫게 된다. 나를 새롭게 바라보는 용기와 자각은 진정한 내가 될 수 있도록 깨우는 훌륭한 도끼다.

그래서 차라투스트라는 이렇게 말했나 보다.

'창조하는 자는 길동무를 찾을 뿐 시체를 찾지 않으며, 가축 떼나 신자들을 찾지 않는다.' 라고.

생각 없는 사람, 시키면 시키는 대로 하는 사람,
따라만 하는 사람, 내 삶을 좀비로 만드는 사람이
되지 않으려면 스스로 생각할 수 있는 힘을 가져야 한다.
나를 새롭게 바라보는 용기와 자각은
진정한 내가 될 수 있도록 깨우는 훌륭한 도끼다.

의미를 찾는 것의 중요성

사람마다 다르고 날마다 다르고
시간마다 다른, 삶의 의미

삶의 의미를 찾는다는 것은 매일 반복되는 일상에 생명을 불어넣어주고 돌이킬 수 없는 고난이나 고통, 상실 속에서도 살아갈 힘을 부여해준다.

《죽음의 수용소에서》의 저자로 잘 알려진 심리학자 빅터 프랭클은 인간을 가장 인간답게 하는 것은 '의미를 찾으려는 의지'라고 말한다. 언제 죽을지 모르는 극도의 공포상황에서도 의미를 발견하면 죽음을 면할 수는 없을지라도 인간의 품위를 유지하며 자신으로서의 모습으로 마지막 그날까지 인간으로서 살아갈 수 있다는 것이다. 반면, 인류 역사상 가장 풍요로운 시대에 살고 있고 그런 사회의 엘리트층이라 하더라도 삶의

의미를 잃어버리면 실존적 공허감에 휩싸여 정상적인 생활을
하지 못하고 급기야는 생을 포기하기에 이른다는 것이다.

'저 직장에 들어갈 수만 있다면 뭐든 다 할거야.' 라며 죽기
살기로 노력해서 들어갔지만 얼마 지나지 않아 그 마음은 온데
간데없고 매일의 출근이 지겹기만 하고 매사 의욕이 없이 표정
없는 사람이 되어 시계추와 같은 생활 속에서 권태에 빠지고
만다.
　하루라도 보지 못하면 견딜 수 없을 것 같던 사람도 반복된
만남과 관계 속에 옆에 있어도 보이지 않는 사람이 되고 만다.
일상의 권태로움에 빠져 진정한 자신의 모습을 잃어버리고 더
재밌고 더 신선한 것을 찾아 헤매다 영원히 빠져나올 수 없는
쾌락의 구덩이에 빠져 타락하고 만다.

　정신과를 찾는 사람들 중 삶의 의미를 잃어버려 고통을 겪
는 사람들의 비중이 점점 늘어나고 있다고 한다. 풍요속 빈곤
은 정신적인 면에서 더 크게 확대되고 위험성이 높아지는 것
같다. 기술과 문명의 발달로 인한 풍요로움이 인간의 행복도
와 결을 같이 하지 않음을 확인해주는 사례는 많고도 많다. 하
지만 시한부 선고를 받고도, 헤어나올 수 없을 것 같은 고통과

상실을 겪고도 자신의 삶의 의미와 존재의 의미를 찾아 그것을 실현하면서 고결하게 살아가는 사람도 많다.

이 경계를 가르는 것이 바로 의미 발견의 유무라고 프랭클 박사는 자신의 아우슈비츠라는 죽음의 수용소에서 겪은 생생한 경험과 학문적 이론, 임상 경험을 통해 밝힌다. 그리고 이 의미는 유일무이하며 사람마다 다르고, 날마다 다르며, 시간마다 다르다고 말한다.

우리의 삶은 반복할 수 없는 순간의 일회성의 연속이다. 이것이 쌓이고 쌓여 인생이 된다. 내일 매일 살아가고 있는 오늘이지만 결코 반복할 수 없는 일회성이다. 어제를 다시 살 수는 없다. 오늘 하루는 내가 한 번도 살아보지 못한 하루이고, 내일 하루 또한 내가 한 번도 살아보지 못한 하루다. 오늘 만난 당신은 내가 한 번도 만나보지 못한 당신의 모습이고, 내일 만날 당신 또한 이제껏 한 번도 만나보지 못한 당신이 될 것이다.

그렇기 때문에 늘 반복되는 똑같은 일상이라 하더라도 결코 똑같지 않은 처음 경험하는 일상이고 그 순간순간마다, 상황마다, 행위마다, 사람마다 의미가 다 다르다. 이것을 매 순간 발견하고 실현하는 삶이 진정 살아있는 삶이라 할 것이다.

존재의 의미 또한 마찬가지다. 인간으로 존재한다는 것은 다른 어떤 것을 지향한다는 것을 의미한다고 프랭클 박사는 말한다. '한 인간을 이루는 것은 그가 헌신하는 대상이다.' 라고 독일의 실존 철학자 칼 야스퍼스도 말했다.

아버지로서의 나, 남편으로서의 나, 자식으로서의 나, 스피치 강사로서의 나 등 나를 존재하게 하는 모든 지위는 그것의 상대 대상에 의해 이루어진다. 일도 마찬가지다. 각각의 지위를 가진 존재가 되기 위해서는 그 존재가 존재이게 하는 의미를 다했을 때다. 자식이 있다고 다 진정한 부모가 되는 것은 아니다.

그럼, 생명력 있는 삶이 되기 위해 어떻게 의미를 찾을 것인가? 의미를 찾으려는 의지를 잃어버리지 않는 것이 중요하다. 앞서 언급했듯이 의미는 사람마다 다르고, 날마다 다르며, 시간마다 다 다른, 유일무이한 것이기 때문이다.

의미는 한자로 意와 味로 이루어져 있으며, 다시 意는 音과 心이 합쳐진 글자다. 즉 '그것 자체이게 하는 맛을 지닌 마음에서 우러나오는 소리'가 의미라고 할 수 있다.

인간을 인간이게 하는 고유성은 바로 각자가 이러한 의미를 찾을 수 있는 자유의지가 있기 때문이다. 자유의지는 반드시 양심의 기반 위에서 발현되어야 하며 책임을 다하는 모습으로 완성되어야 한다고 프랭클 박사는 말한다.

권태의 늪에 빠져 실존적 공허에 허덕이고 있다면 늘 똑같이 반복되고 있다고 여겨지는 나의 일상의 매 순간을 두 번 다시 반복할 수 없는 유일무이한 순간이라 생각하며 의미를 찾기 위해 노력해야 한다. 행복하기 위해 행복할 이유를 찾아야 하듯이 말이다.

늘 반복되는 똑같은 일상이라 하더라도
결코 똑같지 않은 처음 경험하는 일상이고
그 순간순간마다, 상황마다, 행위마다, 사람마다
의미가 다 다르다.
행복하기 위해 행복할 이유를 찾아야 한다.

진정한 내가 되는 길

공성(攻城)과 수성(守城),
그리고 내가 되는 길

경주 수도산 자락에 흥무공원이 있다. 삼국 통일의 주역인 김유신 장군을 기리고자 조성된 공원이다. 이곳에는 김유신 장군의 어록비가 있다.

'성공하기도 쉽지 않지만 수성 또한 어렵다는 것을 유념해야 한다.'

가끔씩 들르는 곳이지만 갈 때마다 나의 발길과 눈길을 멈추게 한다.

어떤 일을 이루는 것도 중요하지만 이룬 것을 꾸준히 유지하며 발전시켜 나가는 것이 얼마나 중요한가를 삶의 경험을 통해 우리는 잘 알고 있다. 특히 지금처럼 풍요로운 시대에는 눈에 보이는 화려한 유혹들이 차고 넘친다. 하고 싶은 경험, 가지고 싶은 물건, 오르고 싶은 자리, 누리고 싶은 권한, 만끽하고 싶은 자유 등 잠시도 몸과 마음을 가만히 두지 못하게 만든다.

그러다 보니 이루는 것 자체가 목적이 되어 앞뒤 가리지 않고 맹목적으로 달려드는 경우가 많다. 정녕 내가 이루고자 하는 것이 무엇인지, 그것을 왜 이루려고 하는지, 어떤 의미가 있는지에 대한 충분한 고민이 없다. 단지 하면 좋을 것 같아서, 남들도 가지고 있으니까, 뒤처지기 싫어서, 인생 뭐 별거 있어? 즐기는 거지, 모 아니면 도, 등의 충동적이고 일시적인 만족감과 우월감에 휩쓸려 소위 저지르게 되는 경우가 허다하다. 운 좋게 소 뒷걸음에 쥐 잡듯 성공하는 일도 있지만 딱 거기까지다. 뒷감당을 못해 성공이 곧 나의 뒷다리를 잡는 격이 되어 사람 망치고 주변을 망치게 되는 경우를 심심찮게 본다.

더 중요한 것은 이러한 모습들이 하나하나 모여서 나의 삶이 된다는 것이다. 인생살이 하는 모습이 눈에 보이는 화려한 유혹에 눈이 멀고, 귀에 들리는 풍악 소리에 귀가 멀어, 눈 감고 귀 닫은 채 요란한 풍경과 소리만 좇아 정처 없이 떠돈다면 어떻게 될까?

시작은 끝과 맞닿아 있고 삶은 죽음과 맞닿아 있다. 시작할 때는 그 끝을 염두에 두어야 하고 살아가는 동안에는 죽음을 통해 나의 최종 완성된 삶의 모습을 염두에 두어야 한다. 도전할 수 있는 용기와 쟁취해내는 의지도 중요하지만 그 자체가 가지고 있는 의미와 내가 원하는 삶의 의미를 깊이 있게 연결해보는 지혜와 절제 또한 중요하다.

이렇게 시작과 끝을 생각해보고 반드시 내가 해야 할 일이고, 하고 싶은 일이며, 그만한 의미가 있는 일이라면 모든 것을 거는 것이다. 남들이 세상물정 모른다고 손가락질을 하거나 아끼는 마음에 만류를 하더라도 그 과정 자체가 의미 있는 결과물이므로 충분히 가치가 있는 인생살이가 될 것이다. 맹목적으로 갖기 위해 아등바등거리고 시기와 질투로 점철되고 자신과 주위를 돌보지 않는 인생보다야 얼마나 값진 인생이 되겠는가.

나는 일 년에 한 번씩 나와 가족들의 장례식을 치르면서 추도사를 쓴다. 내가 나에게 바치는 추도사와 가족, 도반들을 추모하는 추도사를 쓰다 보면 한겨울의 칼바람에 모든 세포들이 날 것으로 살아가듯 내가 원하는 삶의 모습과 방향이 나의 주의와 의식 속에서 깨어난다.

진정 내가 이루고자 하는 것이 무엇인지, 왜 그것을 이루고자 하는지, 그것은 과연 어떤 의미가 있는지, 이것이 정말 내가 원하는 삶의 모습인지를 생각해보게 하면서 다시 한 번 더 묻고 점검하게 한다. 그러면서 계속 걸어간다.

그것이 공성이자 수성이고 내가 되는 길이기에.

어떤 일을 이루는 것도 중요하지만
이룬 것을 꾸준히 유지하며 발전시켜 나가는 것도 중요하다.
이루는 것 자체가 목적이 되면 안 된다.
진정 내가 이루고자 하는 것이 무엇인지,
그것은 과연 어떤 의미가 있는지 계속 물으며 성장해야 한다.

있는 그대로 인정해주는 힘

나는 누군가에게

힘을 주는 사람인가

볼티모어에 있는 한 대학교의 사회학과 교수가 학생들에게 과제를 내주었다. 이 지역의 최고 빈민가에서 살고 있는 청소년 200명을 대상으로 현 생활 환경에 대한 실태조사를 해서 보고서를 작성하라는 내용이었다. 학생들의 조사평가서는 모두 동일했다고 한다.

'이 아이에게는 미래가 없다. 왜냐하면 아무런 기회도 주어지지 않기 때문이다.'

25년이 지난 후 또 다른 사회학과 교수가 우연히 이 연구조사를 접하게 된다. 연구조사에 흥미를 느낀 교수는 그때 당시의 그 청소년들이 25년이 지난 지금은 어떤 삶을 살아가고 있는지 추적 조사하는 과제를 학생들에게 내주었다. 추적 조사한 결과는 놀라웠다. 사망했거나 이주하여 연락이 안 되는 20명을 제외한 180명의 청소년들 중 176명이 매우 성공적인 삶을 살고 있었기 때문이다. 교수는 어떻게 해서 이런 성공적인 삶을 살 수 있었는지에 대해 직접 한 명 한 명을 만나 면담을 했다. 면담 결과 모두 똑같은 대답을 했다.

"여선생님 한 분이 계셨기 때문입니다."

교수는 다시 그때 당시 청소년을 가르쳤던 여선생을 수소문하여 만날 수 있었다. 어떤 기적적인 교육방법으로 이끌었는지 질문을 하자 여선생은 잔잔한 미소를 지으며 대답했다.

"정말 간단해요. 난 그 아이들을 사랑했답니다."

마크 빅터 한센의 책《영혼을 위한 닭고기 수프》라는 책에 실려 있는 실화의 내용이다. 이야기는 여기에서 끝이 난다.

그 여선생은 빈민가 아이들에게 어떤 사랑을 베풀었기에 이와 같은 기적적인 성과를 낼 수 있었을까 가만히 생각해본다.

첫째, 빈민가 아이들이라는 고정관념과 편견을 가지지 않았을 것 같다. 한 명 한 명을 그 자체로 대하면서 있는 그대로 보고 받아들이며 각자에게 맞는 방식으로 똑같이 대하지 않았을까. 더 나은 처지에 있는 아이들과 비교하지 않고 더 지독하게 더 잘해야만 지금의 비참한 생활에서 벗어날 수 있다고 강요하지도 않았을 것이다. 그로 인해 자신이 소중한 존재라는 것을 느끼게 하지 않았을까.

두 번째는 끊임없이 자신의 가능성을 아이들이 스스로 발견할 수 있도록 했을 것이다. 가능성을 발견하는 일은 아이들의 호기심을 최대한 확장해주고 잘하는 것과 좋아하는 것에 대해 함께 이야기 나누고 그 능력이 내가 받은 위대한 선물이라는 것을 깨닫게 하여 가능성의 세계로 이끌지 않았을까. 즉, 꿈을 품게 했을 것이다.

세 번째는 자신의 고유한 능력을 발견하고 계발해나갈 수 있는 기회를 가질 수 있도록 배려했을 것이다. 실수와 실패에는 격려와 위로를 해주고 작은 성취에도 진심을 담아 구체적인 칭찬으로 용기와 자신감을 갖게 하지 않았을까. 또한 친구들에게도 서로서로 격려하고 칭찬하며 함께 웃고 견디어나가는 환경을 만들어주지 않았을까. 그로 인해 자연스럽게 스스로에게뿐만 아니라 상대방을 존중하고 사랑하는 마음을 키울 수 있게 하지 않았을까.

선생님의 사랑은 아이들을 있는 그대로 인정해줌으로써 자신이 얼마나 소중한 사람인지 깨닫게 하고 호기심에 날개를 달아주어 꿈을 키워 가능성의 세계로 나아가게 했을 것이다. 다양한 기회를 주면서 넘어져도 다시 일어서는 힘을 갖게 해주었으며 다른 사람의 고난과 성공에도 격려와 위로, 기쁨과 칭찬을 하며 함께 살아가는 건강한 공동체 의식을 키워주었을 것이다. 그리고 '선생님 덕분'이었다는 말처럼 세상에 감사하는 마음도 키웠을 것이다.

이러한 사랑의 힘이 진흙탕 속에서 연꽃이 피어나듯 빈민가에서 자신만의 아름다운 인생의 꽃을 피우게 했을 것이다.

'나는 누군가에게 힘을 주는 사람인가.'

나에게, 함께하는 사람들에게 이와 같이 대한다면 우리 모두는 볼티모어의 선생님이 될 수 있을 것이다.

· · ·

> 나는 누군가에게 힘을 주는 사람인가.
> 당신 덕분이라는 말을 자주 듣는 사람인가.
> 있는 그대로를 인정해주고 다양한 기회를 준다면
> 기적적인 성과가 따라오기도 한다.

나를 나답게 하는 것

삶의 의미를 찾아 실현하는

목적 있는 삶을 살겠다는 결심

"인간에게서 모든 것을 빼앗아갈 수 있어도 단 한 가지, 마지막 남은 인간의 자유, 주어진 환경에서 자신의 태도를 결정하고, 자기 자신의 길을 선택할 수 있는 자유만은 빼앗아갈 수 없다는 것이다. 삶을 의미 있고 목적 있는 것으로 만드는 것. 이것이 바로 빼앗기지 않는 영혼의 자유이다."

빅터 프랭클의 불후의 저서《죽음의 수용소에서》를 읽으며 이 대목에서 나는 숨이 멎는 듯한 절정을 경험했다. 이후 나는 이 말을 수없이 반복해서 읊조리며 삶의 신조로 삼았다.

'삶의 의미를 찾아 실현하는 목적 있는 삶이 되도록 하자.'

이 진리를 나만 알고 있기보다는 더 많은 사람들과 나누어야겠다는 생각에 각종 강연과 수업에서 끊임없이 삶의 의미와 존재의 의미에 대해 진정성을 담아 설파했다. 나처럼 많은 분들이 공감하고 의미 있는 삶을 살아야겠다는 후기에 뿌듯해하기도 했다.

그러다 어느 날 문득 나 자신을 돌아보았다. 말로만 '의미 있게 살자!' 라고 외치면서 여전히 변화 없이 이전과 똑같이 흘러가고 있는 나 자신을 보며 이게 뭔가 회의가 들기 시작했던 것이다. 말 따로 몸 따로에서 오는 괴리감에 마음만 복잡하고 괴로우면서 '차라리 몰랐더라면…' 하는 자책도 들었다.

혼란스러운 시간을 보내고 있던 중, 갑자기 이런 의문이 들었다. 내가 프랭클의 말을 진정으로 이해하고 있는 것인가. 그냥 맞는 말인 것 같고 느낌으로 대충 어떤 것이구나 감이 잡히니까 그 뜻을 온전히 알았다고 착각하며 나도 똑같이 그 말을 되풀이하면 자연적으로 그렇게 될 것이라는 막연한 기대만 하며 지내온 건 아닌가. 그러다 보니 삶에 적용하지 못하고 말만 앞세우며 허깨비처럼 지내온 건 아닌가 라는 생각이 들면서 의미에 대해 물음표를 다시 던지기 시작했다.

오랜 시름 끝에 '의미'란 매우 주관적인 개념이며 '나 자신을 가장 나답게 만드는 무엇이구나' 라는 걸 깨닫게 되었다. 그럼, '나는 언제 무엇을 할 때 온전히 나구나' 라는 걸 느끼는가, 또 '그 이유는 무엇인가'를 탐문하며 존재의 의미를 찾게 되었다. 나는 내 강의를 듣는 사람으로부터 "삶의 활기를 찾게 되었다"라는 말을 들을 때 가장 행복하고 가치있게 느껴지며 내가 살아 숨 쉬고 있구나를 강하게 깨닫는다는 것을 새삼 알아차리게 되었다.

그때부터 내 삶과 존재의 의미이자 꿈이 생생하게 다가왔다. '나는 나를 만나는 사람들에게 좋은 영향을 주는 사람이 된다. 그 방법은 스스로 잘 생각하는 사람이 될 수 있는 공부를 통해 자기답게, 자신이 될 수 있는 최고의 자신이 되어, 스스로에게 당당한 사람이 될 수 있도록 함께 나아가는 것이다.'

이렇게 프랭클이 몸소 겪으며 깨달은 진리를 통해 나 또한 나만의 물음표를 들고 뛰어들어 의미의 바다에 닻을 내리게 되자 이전과는 다른 세상이 내 눈 앞에 펼쳐졌다.

이제는 좀 더 확신에 찬 눈빛과 목소리로 나에게, 나와 함께하는 사람들에게 외친다.

"삶이란 나를 이루어가는 과정입니다. 나를 나답게 하는 의미를 찾아 매 순간 그것을 실현해가는 우리가 됩시다. 그럴 때 매일 우리는 꿈을 이루어가는 삶을 살 것이며 나를 온전히 느끼는 의미 있는 삶이 될 것입니다. 나 자신에게 당당한 내가 될 것입니다."라고.

　우리는 살아가면서 필연적으로 누군가로부터 좋은 말을 듣게 되고 훌륭한 진리를 배우게 된다. 들어서 그럴 듯하고 맞는 말인 것 같으면 가감 없이 받아들이고 메모하고 외워서 다시 써먹으면서 살아간다. 그것이 무슨 말인지 독해만 되면 이해했다고 생각하고 잘 알고 있다는 착각에 마치 내가 그렇게 된 것처럼 오인하는 경우가 많다. 위에서 언급한 나처럼 말이다.

　결과만 알고 있고, 그 결과를 달달 외우고, 그 결과를 말로 옮길 줄 안다고 해서 그것에 대해 진정 이해하고 깨달았다고 할 수 있을까?
　우리는 앵무새가 되려고 하는가, 아니면 진정한 내 것을 이루고 싶어 하는가.

　내가 하는 말이 내 가슴에 와닿지 않고 허공에 메아리쳐 울린다면 다시 한 번 들여다봐야 한다. 그리고 나만의 물음표를

가지고 풍덩 그 속으로 뛰어들어야 한다. 느낌표와 따옴표와
마침표를 찾을 때까지 말이다.

삶이란 나를 이루어가는 과정이다.
나를 나답게 하는 의미를 찾아 매 순간 그것을 실현하다 보면
나 자신에게 당당한 내가 될 수 있을 것이다.

나를 기쁘고 행복하게 하는 것

삶은 가면 쓰기의 연속이다.

가면이 하나씩 벗겨지는 경험이 필요하다.

십대 때 이현세 만화에 흠뻑 빠진 적이 있다. 열 권으로 구성된 〈공포의 외인구단〉 시리즈는 그야말로 광풍처럼 나를 휘몰아쳤다. 주인공 오혜성, 일명 까치는 나의 영웅이었고 그의 모든 것을 닮고 싶었다. 천재적인 야구실력은 없었지만 반항적이면서 독불장군같은 성격의 소유자가 되고 싶었고 그의 행동 하나 하나를 따라하고 싶었다. 자연스럽게 눈에 힘이 들어갔고 자세도 각을 잡았다. 무엇보다도 강렬한 인상을 받았던 까치머리를 했다. 앞과 옆머리는 짧게 깎아 힘을 주어 세웠고 뒷머리는 목을 덮고 내려올 만큼 층층으로 깎아 길렀다.

청재킷의 깃을 세우고 호주머니에 손을 찔러 넣었다. 불량 청소년처럼 보였겠지만 나는 마치 만화 속 주인공인 까치가 된 듯한 기분에 취해 있었다. 하지만 나중에 알았다. 아무리 외모와 행동을 따라하더라도 나는 결코 까치가 될 수 없다는 것을.

그 이후에는 그룹 산울림에 반해서 김창완도 되었고 가수 김현식에 빠져 목소리를 걸걸하게 하며 폼 잡고 노래불렀다. 전설적인 헤비메탈 그룹 레인보우에 빠져서 기타를 잡고 헤드뱅잉도 했다. 하늘만 빙글빙글 돌고 목만 아팠지 나는 결코 그들이 될 수 없었다. 나는 왜 그렇게 따라쟁이가 되었을까?

우리는 자신이 동경하는 모습과 실재의 모습 사이를 오가며 살아가고 있는 건 아닐까. 그러면서 현재 내 모습과 상관없이 동경하는 모습의 나로 인식되고 싶은 마음이 컸기 때문이지 않을까. 동경하는 모습을 스스로 창조할 자신도 방법도 모르기에 그에 가장 유사한 모델을 찾게 되고 그 사람처럼 하면 자연히 나도 그런 모습이 된 것처럼 느껴지기 때문이 아닐까.

내가 원하는 것이 무엇인지, 나를 기쁘고 행복하게 하는 것이 무엇인지, 나를 온전히 나로 만드는 것이 무엇인지 찾는 과정이 너무 힘들고 어렵기에 이미 만들어진 기성품 중에서 골라잡듯이 하나를 선택해서 흉내를 내서라도 그렇게 되고 싶은 유혹에 빠지는 것이다. 그렇게 한다고 내가 원하는 모습이 될 수 없다는 것을 알면서도 말이다.

롤 모델을 찾지 말라는 말이 아니다. 롤 모델은 필요하다. 단지 눈에 보이는 모습만 따라해서는 안 된다는 것이다. 되어진 결과보다는 되게 만든 그 과정을 알려고 하는 것이 롤 모델이 필요한 이유다. 명품 옷에 명품 가방을 들고 고급 승용차를 탄다고 해서 나 자신이 명품이 되는 것은 아니다. 고유한 가치를 발견하고 그 의미를 실현하여 조금이나마 세상에 좋은 영향을 미칠 때 비로소 명품이 된다.

빅터 프랭클 박사의 삶과 책을 통해서 삶의 의미를 찾는 소리 없는 절규가 자기 정체성을 찾고 자신을 초월하여 결국 자기실현에 이른다는 것을 알게 되었고, 이순신 장군의 삶을 통해 뼈저리게 느끼는 순간 수십 개에 달했던 나의 가면들이 하나씩 하나씩 벗겨지는 경험을 했다.

여전히 내가 동경하는 모습과 실재의 내 모습을 오가며 가면 놀이를 하고 있지만 점점 내가 쓴 가면이 내 모습에 가까워지고 있다는 것을 조금씩 느껴가고 있다.

2018년 1월에 작성한 '내 인생 공장 연봉 협상서'를 다시 한 번 되새기며 나는 오늘도 나의 가면을 바라본다.

내 인생 공장 연봉 협상서

작성일 2018년 1월 13일

[묘비명]

삶을 조금이나마 알게 된 이후
남은 생을 좋은 영향을 주기 위해 노력한 사람이
여기에 잠들다.

지켜야 할 것

[아들로서]

- 지금 하는 일에서 다른 사람들에게 욕먹지 않고 존경받는 사람이
  되는 것
- 생활도 어려움 없이 감당할 수 있는 정도가 되는 것
- 아들 잘 키웠다 라는 생각이 드시도록 하는 것

[남편으로서]

- 무서울 때 옆에서 손잡아줄 수 있는 사람
- 아플 때 혼자 아프지 않게 하고, 밥 먹을 때 혼자 먹지 않게 하고,
  어디에 있든 혼자가 아니라는 생각이 들도록 하는 사람이 되는 것
- 어느 순간에도 사랑받고 있다고 느끼도록 하는 사람이 되는 것
- 마음껏 화내고 무엇이든 표현할 수 있도록 하는 사람이 되는 것
- 마지막까지 자기를 느낄 수 있도록 하는 사람이 되는 것

[아빠로서]

- 언제나 네 편이라는 걸 느낄 수 있도록 하는 사람
- 엄마의 빈자리를 함께 메워가는 사람
- 사소한 일이라도 의논할 수 있는 사람
- 아이들 앞길을 무작정 막지 않는 사람
- 언제 오더라도 따뜻한 요리를 해주며 앞에 앉아서 웃고 있는 사람

[원장으로서]

- 수업을 위한 수업을 하지 않는 사람
- 생각을 잘하는 사람이 될 수 있도록 도와주어 스스로의 삶을 경영할 수 있도록 하는 사람
- 언제나 예측가능하면서 믿고 의지할 수 있는 구심점이 되는 사람
- 편안하게 마음을 나누고 술잔을 기울이며 웃고 울 수 있는 사람
- 평생지기로 남는 사람

[연봉계약서]

- 존재의 의미 실현이 내 존재의 가치가 된다.
- 그 일은 지금 실현된다.
- 이 점을 잊지 않고 그것을 다하는 것,
  그 이상도 이하도 없다.

지성무식(至誠無息) 지유조심(只有操心)

[포기하는 카드]

물리적 명성. 양적성장.

PART 03

다시 소통의 바다로

나 의 그 릇 을 키 우 는 일

삶을 대하는 자세

나의 삶의 그릇을 키워 수용하면서

함께 걸어나갈 수 있는 담대한 내가 되는 길

지금까지 소통의 주체로서 '나를 흔들리게 하는 것'과 '나를 단단하게 하는 것' 들에 대해 생각해보았다. 이제부터는 나의 삶의 그릇을 키워 수용하면서 함께 걸어나갈 수 있는 담대한 내가 되는 길을 알아보고자 한다.

삶의 그릇을 키우는 일은 삶을 대하는 자세에서 시작이 된다. 삶의 문제나 과제 앞에서 그것을 어떻게 대하느냐에 따라 인식에서부터 과정과 결과 그리고 함께하는 사람들과의 관계가 달라지고 그 자체로 내 삶이 된다.

삶을 대하는 나의 자세를 알기 위해서는 나에게서 떨어져 높은 곳에서 나의 전체 모습을 내려다볼 수 있어야 한다. 하지만 바다 속에서는 바다를 볼 수 없고 숲 속에서는 산을 볼 수 없듯이 내가 나로서 살아가는 동안 내 모습을 전체적으로 관찰하기가 어렵다.

PART 2에서 필자의 삶에 큰 영향을 준 실존 인물 중심으로 살펴보았다면, 이번 PART 3에서는 영화와 드라마 그리고 책 속에 등장하는 인물과 상황들을 통해 나의 모습을 반추해보고자 했다. 픽션의 요소가 강하지만 가만히 들여다보면 우리가 살아가는 현실 세상과 크게 다를 바가 없을 뿐 아니라 그 모습을 집약적으로 보여주기 때문에 훨씬 실재감을 느끼며 섬세하고 객관적으로 성찰할 수 있게 해준다. 그로 인해 삶을 대하는 나의 모습을 알아차릴 수 있고 스스로 점검해보는 계기로 삼을 수 있을 것이다.

내가 나여야 하는 이유

아니오! 라고 말할 수 있는 삶

나는 짜장면이 먹고 싶은데 친구가 피자를 먹자고 한다. 차마 속마음을 내비치지 못하고 맥없이 알았다고 한다. 그러면서 혹시나 싫은 기색을 들킬까 조심한다.

내 생각과 의지대로 살 수 없다면 나라고 할 수 있을까?

내가 꾸민 공간에서 이곳을 찾는 이들에게 이색적인 체험과 추억을 제공하는 바리스타로서의 삶을 꿈꾸지만 안정된 직장을 가져야 사람답게 살 수 있다는 부모의 강요에 말 한마디 제대로 하지 못하고 고시원에서 공무원 시험을 준비하느라 눈에 들어오지도 않는 책에 코를 박고 씨름하고 있다.

빈티지 스타일의 찢어진 청바지에 오버핏의 박스 티를 입고 자유롭게 활보하고 싶은데 남자 친구가 단정한 정장차림을 좋아한다는 말에 내색도 못하고 '나 또한 정장이 내 스타일이야' 라는 듯 매번 보정속옷에 끼는 옷을 입고 하이힐을 신고 온몸에 힘이 잔뜩 들어간 채 외출한다.

가족과 외식을 하기로 했는데 상사의 갑작스런 업무 부탁에 거절도 못하고 수락한 뒤 무거운 마음으로 집에 전화를 한다. 나는 함께하지 못하니 애들이랑 먹으러 가라고. 매번 약속을 어긴다는 아내의 말에 미안한 마음을 오히려 짜증으로 돌려주며 한숨을 내쉰다.

어디까지가 사회적 미덕이고, 나 자신일까? 세상에는 "예" 라는 말도 있지만 "아니오" 라는 말도 함께 공존한다. 둘 모두 중요한 표현이다. 물론 적재적소에 쓰였을 때다. 하지만 그리 간단한 문제가 아니다. 특히 '아니오' 라는 표현을 쓸 때는 더더욱 그렇다. 어렸을 때부터 우리는 모범생 콤플렉스에 너무나도 강하게 길들여진 건 아닐까? 내 생각을 잘 표현하는 아이보다는 어른들 말씀을 잘 듣는 아이가 착하고 똑똑한 아이로 인정받았다. 사회에 나와서도 자기주장을 펼치기보다는 순응하는 사람이 유능하고 신뢰할 수 있는 인재로 인정받고 그에 따른 포상이 달라진다. 눈 밖에 난 사람의 인생은 고달파질 수밖에 없다는 것을 경험을 통해 배운다.

타인의 인정이 곧 나의 성공인생으로 직결되다 보니 내 생각과 욕구, 의지는 무시한 채 타인의 안색과 의중을 살피느라 바쁘다.

이 세상에 '아니오'는 없고 '예'만 있다면 어떤 모습이 될까? 잠시 동안은 절대자에 의해 문제없이 돌아가는 듯 보이지만 결국 인간다운 모습은 이 지구상에서 사라지고 없을 것이다. 신이 아닌 다음에야 절대자가 영생할 수 없을 것이고, 자기 생각이 없이 따르기만 하는 사람은 기계 또는 부품으로 전락하여 닳아 없어질 때까지 쓰여지다가 사라져버릴 테니 말이다.

내 인생에 '아니오'는 없고 '예'만 있다면 어떤 모습이 될까? 내가 나라고 할 수 있는 이유가 없으니 같은 꼴이 되지 않을까?

'미움 받을 용기'를 가진다는 것은
내가 나라고 할 수 있는 이유를 가진다는 것이다.
그것이 참다운 삶이 되는 길이다.

사소한 것을 놓치지 않는 습관

작은 호기심이 큰 가지를 뻗어

큰 나무가 된다.

　제아무리 동물의 왕 사자라도 사냥을 할 때 가볍게 움직이지 않는다. 한달음에 낚아챌 것 같은 얼룩말 새끼여도 말이다. 최대한 몸을 낮추고 상대가 알아차리지 못하게 살금살금 목표물에 접근한다. 그러고는 온 신경을 집중한 채 숨죽이고 때를 기다린다. 새끼 얼룩말이 무리에서 조금 떨어져나오는 찰나, 잔뜩 눌려 있던 용수철이 튀어오르듯 단숨에 달려들어 목덜미를 물어 고꾸라뜨린다. 마치 이 세상에 존재하는 먹잇감이 이것밖에 없는 것처럼 모든 힘을 집중시켜 폭발시킨다. 그렇다고 해서 매번 성공하는 것도 아니다.

　흔히 생각할 때 사자는 힘도 세고 용맹하니까 어떤 먹잇감이라도 쉽게 사냥할 것 같다. 하지만 전력을 다하고도 번번이 사냥감을 놓치고 허탈하게 바라보기도 하고, 작은 먹잇감을 잡기 위해 사력을 다하는 사자의 모습을 보면 의외라는 생각도 든다. 사자뿐만 아니라 다른 맹수들도 마찬가지다.

우리 인간의 세계도 크게 다르지 않다. 대개 큰 일은 큰 원인에 의해서 작은 일은 작은 원인에 의해서 생긴다고 생각하기 쉬우나 큰 일이나 작은 일이나 그 시작점은 미미한 것에서 비롯된다. 밥 한 그릇을 다 먹으려면 한 숟가락씩 천천히 꼭꼭 씹어야 한다. 한 번에 한 그릇을 다 먹을 요량으로 급히 덤비다가는 체하기 일쑤고 결국 끝까지 먹지 못한다. 이러한 습관은 시간이 지날수록 소화기 계통에 무리를 주고 급기야는 큰 병의 원인이 되어 건강을 잃게 된다.

자식을 키울 때도, 자신의 일을 할 때도, 친구를 사귈 때도 변함없이 적용할 수 있는 원칙이다. 직접적으로 연관이 없을 것 같은 사소한 일들을 무시하거나 모른 체하거나 대수롭지 않게 지나치다가 나중에 생각지도 못한 큰 일이 되어 지금까지의 노력과 투자한 시간들을 물거품으로 만들어버리는 경우를 겪기도 하고 보기도 했다.

나 자신을 알고 나의 꿈을 찾아 이루어가는 길도 예외일 수 없다. 몸에 큰 병이 오기 전에 여러 가지 전조 증상이 나타나듯이 내가 원하는 나다운 모습이 되고픈 다양한 전조 현상들이 신호를 보내온다. 다행히 이를 놓치지 않으면 시그널이 이끄는 방향으로 나아가는 과정에서 그동안 알지 못했던 숨은 능력들을 발견하고 조금씩 키워나가게 된다. 그렇게 작은 행동들이 이어져서 차츰 공통의 영역으로 귀결되다가 어렴풋하게 그림이 만들어진다. 작은 호기심들이 가지를 뻗어 큰 나무가 되는 것이다.

제아무리 큰 나무도 작은 씨앗에서 시작한다. 큰 나무를 이루려고 하기 전에 작은 씨앗이 건강하게 움트도록 온 정성을 다해야 한다. 그것이 곧 큰 나무를 키우는 길이다.

노자는 도덕경에서 큰 나라를 다스리려면 작은 생선을 굽듯이 해야 한다고 이른다. 왜냐하면 무릇 작은 것은 큰 것으로 나아가고 큰 것은 작은 것에서 비롯되기 때문이다.

큰 것을 보느라 작은 것을 생각하지 못하는 경우가 종종 있다. 과정의 중요성을 늘 강조하면서도 순간 결과에 치중한 나머지 소중한 부분을 놓치는 경우가 많다. 그로 인해 가장 나다운 나가 아니라 가장 나답지 않은 내가 되어버린다. 후회는 아무리 빨리 해도 늦은 것이다.

　작은 생선을 굽듯이 나의 마음을 다스리고, 작은 의미 하나라도 결과에 대한 조급한 욕심에 매몰되지 않게 조심하고 또 조심해야 하지 않을까.

큰 일은 큰 원인에 의해서
작은 일은 작은 원인에 의해서 생기는 게 아니다.
큰 일이나 작은 일이나 미미한 것에서부터 시작된다.

자리와 나를 구분하는 지혜

자리가 사람을 만들기도 하지만

자리가 사람을 망치기도 한다.

　자리는 사람을 위해 존재하는 것이 아니라 역할을 위해 존재한다. 자리가 높으면 높을수록 역할의 무게는 무거워지고 책임과 권한도 커진다. 그에 따른 예우도 달라진다. 고위직에 오른 사람들이 취임사에서 한결같이 "막중한 책임감을 느낀다"라고 하는 것도 이 때문일 것이다.

　자리 위에 자리 있고 자리 밑에 자리가 있을 뿐인데 자리가 해야 할 역할은 잊어버리고 자리를 보존하는데 연연하여 본분을 잃어버린다. 본분을 잃어버리면 권한의 달콤함은 권력이 되어 자리와 역할 그리고 막중한 책임과 성과는 상실되고 그 자리는 모두를 집어삼키는 늪이 되고 만다. 직책이 높은 사람에게는 앞뒤 안 가리는 충성심으로 그 자리에서 살피고 들어야 할 눈과 귀를 막아버리고 직책이 낮으면 얕잡아보고 함부로 대한다. 반면 자리와 자신을 잘 구분하게 되면 해야 할 일과 하지 말아야 할 일의 구별이 분명해지고 각자의 위치가 독립적이면서도 유기적으로 연계되어 정연한 질서가 잡힐 것이다. 자리는 빛나고 그로 인한 결과로 본보기의 인물이 되어 훌륭한 전통과 높은 의식의 시스템이 갖추어진 주체적이고 성숙된 문화를 만든 사람으로 기억될 것이다.

이순신 장군과 원균이 그 좋은 예가 되지 않을까.

처음부터 작정하고 자리를 탐하는 사람도 있겠지만 대부분의 사람들은 역할에 충실하고자 하는 마음으로 임할 것이다. 초심은 단단했으나 시간이 지나고 예우에 길들여지다 보면 그때부터 자리와 자신을 혼동하게 될지도 모른다. **지위에 대한 의전이 개인에 대한 대접으로 느껴지고 그 생활에 익숙해지면 망각의 늪에 빠지게 되는 것이다.**

직책이 상하를 나누는 것이지 인간으로서는 너나 나나 똑같다. 자리가 사람을 만들기도 하지만 사람을 망치기도 한다. 내가 앉아 있는 자리는 영원한 것이 아니라 언젠가는 기한이 다 되어 다른 사람이 차지하게 된다. 누구나 계급장을 떼고 맨

몸이 되는 순간이 찾아온다. 계급장과 함께 그동안 내가 달고 있었던 계급장에게 베풀어진 예우도 사라진다.

자리와 자신을 구별하지 못하면 이런 순간이 왔을 때 자리만 상실하는 것이 아니라 내 삶을 송두리째 상실할 수도 있다. 현명한 사람은 이를 극히 경계하고 현역일 때는 계급장에 준하는 역할에 대한 업적을 쌓고, 때가 되었을 때 미련 없이 내려놓을 줄 안다. 내려놓은 그 자리에 치적과 함께 본보기라는 내 삶의 흔적은 고스란히 남을 것이라는 사실을 잘 알고 있기 때문이다.

자리의 의미와 존재의 의미를 찾는 일을 한시라도 게을리 할 수 없는 이유이다. 글을 쓰는 지금 스스로 다시 다짐해본다.

내 삶의 자리가 망각의 늪지대가 되어 역할과 책임을 집어삼키는 누를 범하지 않기 위해서.

- - -

> 자리와 자신을 잘 구분하면
> 해야 할 일과 하지 말아야 할 일의 구별이 분명해지고
> 각자의 위치가 독립적이면서도 유기적으로 연계되어
> 정연한 질서가 잡힌다.

진정한 공감능력

공감은 생각하는 게 아니라

오로지 그 자체를 느끼는 것

김태균 감독의 〈암수 살인〉이라는 영화가 있다. 피해자는 있지만 세상에 알려지지 않은 살인 사건을 다룬 영화다. 어릴 적 아버지의 무자비한 학대로 총명했던 어린아이가 아버지를 살해하면서 끔찍한 사이코패스가 된다. 이후 7명의 무고한 사람을 아무런 이유 없이 살해하고 토막을 내 암매장해버린다. 무참한 살인이 일어났지만 살해당한 사람들은 단지 실종자로 처리되어 세상 속에 묻혀버린다. 그리고 아무도 찾으려 하지 않고 기억하지도 않는다. 결국 사이코패스는 세상을 조롱하며 자신이 저지른 완전범죄를 밝혀보라며 한 형사에게 자백을 통해 단서를 던진다. 그렇게 세상이 외면한 피해자는 그들을 죽인 살인자에 의해 세상에 알려진다. 하지만 여전한 무관심으로 세상 밖으로 나오지는 못한다.

　죽음 앞에서는 모든 사람이 평등하다지만 죽음의 가치마저 평등한 건 아닌 것 같다. 사이코패스의 자백이 사실이긴 하지만 철저히 조작된 퍼즐들 앞에서 사건은 미궁 속으로 빠지고 수사를 담당한 형사는 궁지에 몰리게 된다. 사건의 단서를 얻기 위해 엄청난 돈과 물품을 살인자에게 갖다바치며 수사를 하는 형사를 주변 관계자들은 미제 사건을 해결해 출세 한 번 해보려는 파렴치한으로까지 몰아간다. 세간의 시선에 전혀 개의치 않고 수사를 포기하지 않는 형사에게 담당 검사는 이렇게 몰아부친다.

　"살인범의 진술이 거짓이면 어떻게 책임질 겁니까?"

　"진술이 거짓이라고 밝혀지면 그럼 다행이지요. 나 한 사람만 바보가 되면 되니까."

　게다가 단서를 얻기 위해 발버둥치는 형사를 조롱하듯 살인범은 이렇게 외친다.

　"넌 날 못 이겨."

　"너 같은 놈 이겨서 뭐하게. 세상에서 사라지고도 사건 접수조차 되지 않아 수사대상에도 오르지 못한 채 땅속에서 구더기

밥이 되어가는 사람들이 안타까워서, 그러고도 내가 형사라는 사실이 부끄러워서, 그래서 이러는 거야 임마."

가슴이 뜨끔하고 온몸에 전기가 흘렀다. 영화가 끝난 후에도 미동도 하지 못한 채 한참 동안 앉아 있었던 기억이 지금도 생생하다.

'나는 지금 내가 하는 일에서 충분히 바보인가' 라는 물음이 생겼다. 바보들의 교향곡은 멋지고 아름답고 장엄하진 않지만 세상을 밝히고 움직인다. 세상이 외면하는 춥고 어두운 공간이라도 이름 모를 누군가는 그곳에서 추운 영혼으로 살아가고 있다. 언젠가는 한 줄기 빛이 비쳐 자신의 존재를 밝혀주리라 기다리면서. 바보들의 교향곡은 그들을 위한 영혼의 선율이다. 그래서 이 세상을 조금은 살 만한 세상으로 만든다.

그 형사는 어떻게 해서 암수 살인 사건 앞에서 형사로서의 부끄러움, 인간으로서의 참담한 고통을 느낄 수 있었을까?

진정한 공감 능력, 남다른 이 능력 때문이지 않았을까. 공감 능력은 나의 존재의 의미와 일의 참된 의미를 깨닫게 해준다. 왜냐하면 '나'라는 존재와 내가 하는 일은 상대가 없으면 그 자체로 의미를 갖지 못하기 때문이다. 내가 아버지일 수 있는 것은 자식이 있기 때문이고, 남편이 될 수 있는 것은 부인이 있기 때문에 가능하다. 일도 마찬가지다. 나를 나일 수 있게 하고 내 일이 일이 될 수 있게 하는 것은 상대에 대한 내 존재 의미가 충족되었을 때 가능해진다. 그렇지 않다면 의미 없다.

　물론 중요하다고 해서 공감 능력을 모두가 아무나 가질 수는 없다. 상대의 마음을 이해한다는 것, 상대의 입장을 헤아린다는 것은 의욕과 생각만으로는 될 수 없다. 오로지 그 자체를 느낄 수 있을 때에만 가능하다. 느끼기 위해서는 느끼고자 하는 대상에 어떤 식으로든 닿아야 한다. 만져야 하고 품어야 하고 그 속으로 들어가야 한다. 몸과 마음이 닿지 않으면 결코 그 대상을 느낄 수 없다. 하지만 우리는 상대를 느끼려 하기 보다는 상대에 대해 생각하려고 한다. 한 번도 경험해보지 못한 것을 알기 위해 그 대상이 되어보려 하기보다 기존의 경험에 의해 만들어진 내 생각을 통해 알려고 한다. 멀찌감치 떨어져서 내 생각의 틀에 갇혀 지레짐작한 것을 마치 상대를 잘 이해하고 있다고 판단하고 행동한다. 그리고 통하지 않으면 오히려 상대방이 나를 공감하지 못한다고 화를 내기 일쑤다.

　하지만 그 형사는 생각하기에 앞서 먼저 알려지지 않은 채 억울하게 죽은 사람들을 느끼려 했을 것이다. 느끼고 또 느꼈을 때 그들을 위해 무엇을 해야 할지가 생각났을 것이다. 그로 인해 피해자의 고통과 형사라는 직분의 존재 의미를 깨달았을

것이다. 세상을 밝히고 움직이는 바보들의 교향곡이 탄생하고
연주되기 시작하는 순간이다.

공감은 느끼는 것이지 생각하는 것이 아니라는 사실을 영
화 〈암수 살인〉을 통해 다시 한 번 깨닫게 된다. 하지만 **공감의
길은 멀고도 험난하다**. 실제 내가 나이면서 다른 무언가가 되어
그 자체를 느낀다는 것은 참 어려운 일이다. 지나온 나의 뒤를
살펴보면 한숨만 나온다. 어둡고 습한 곳을 밝히고 어루만지는
바보들의 교향곡이 아니라 더 어둡고 소외시키고 암울하게 만
드는 불감의 교향곡이었을 뿐이다.

나는 내가 하는 일에서 얼마나 바보인가,
묻고 또 물을 뿐이다.

공감은 느끼는 것이지 생각하는 것이 아니다.
한 번도 경험해보지 못한 것을 알기 위해서는
오로지 그 자체를 느끼기 위해서
상대의 마음을 이해하고, 입장을 헤아리는
바보가 되어야 할지도 모른다.

불안을 잘 다스리는 능력

불안할수록 과유불급을 떠올려라.

불안을 잘 활용하면 그만큼 성장한다.

‘과유불급(過猶不及).’ 오늘날에도 여전히 진가를 발휘하는 삶의 지침이다. 누구나 쉽게 말하지만 아무나 지킬 수 없는 말이기도 하다. 행동이 따르지 못해 걸려 넘어져 삶의 구렁텅이에 빠진 후에야 땅을 치며 후회하는 경우가 얼마나 많은가. 이천오백년 전 공자 시절부터 지금까지 과유불급은 그래서 끈질기게도 우리 옆에서 엄중히 경고하고 있는 것일 게다.

알면서도 번번이 브레이크를 잡지 못하는 이유는 무엇 때문일까? 그만큼 불안하기 때문이다. 우리가 살아가고 있는 세계는 당장 내일의 일을 가늠할 수 없는 불확실성이 지배하는 사회다. 이전에도 그랬고 지금도 그러하며 앞으로도 그러할 것이다. 그래서 살아가는 이유가 되기도 하지만 불안에서 자유로울 수가 없는 것도 현실이다.

불확실한 삶을 살고 있는 우리는 확실한 것을 갈망한다. 그만큼 불안이라는 감정과 상황은 우리를 괴롭히고 공포감을 느끼게 하기에 피할 수만 있다면 어떻게든 피하고 싶다. 성장하고 싶은 욕구도 강하지만 안전하고 안정적인 상태이기를 바라는 마음이 더 클 수밖에 없다.

길게 보면 성취감이 나를 끌어당기지만 당장의 내일을 생각하면 안도감이 더 강하게 이끈다. 안도감은 불안을 잠재울 수 있는 검증된 확실한 것을 찾게 만들고 가능하면 기회가 왔을 때 더 많이 축적하고자 하는 마음을 키우게 한다.

그렇다고 모두가 그런 것도 아니다. 그럼, 무엇이 차이를 만드는 것일까? 여기서 또 다른 일반 명사가 된, 그래서 과유불급처럼 누구나 말하지만 아무나 할 수 없는 진리의 말이 있다. '피할 수 없으면 즐겨라.' 가 그것이다. 불안을 없앨 수는 없다. 없앨 수 없다면 같이 살아갈 방법을 찾는 것이 현명한 자세일 것이다. 불안이 꼭 나쁜 것만은 아니다. 불안을 느끼지 못하면 긴장감도 없을 것이고 미래에 대한 그림과 목표도 세우지 않을 것이다. 약해지는 마음을 잡기도 힘들 것이며 책임감도 약해지

지 않을까. 끈기도 없고 집중하는 힘과 주의를 기울이는 능력
도 부족하게 될 것이다.

　과유불급이 필요한 가장 중요한 상황은 불안이라는 감정을
대할 때이다. 미래에 대한 생각과 마음을 불안에 모두 내어주
었을 때 탐욕이나 허무의 문을 열게 되는 것이다. 문을 열어주
는 행위는 없앨 수 없는 불안을 없애려고 몸부림을 치는 정도
에 비례한다.

　불안의 동행자는 성장이다. 성장은 쌓아두려 하고 더 가지
려는 마음이 아니라 재투자의 성질을 가지고 있다. 성공의 경
험이었든 실패의 경험이었든 그것을 나의 자산으로 만들어 다
시 나아가게 하는 재투자의 연속성으로 이어진다. 재투자의 핵
심은 연구개발이다. 그로 인해 스스로의 역량을 키우는 것이
다. 때론 성장이 이끌다가 때론 불안이 이끌면서 서로 보완자
가 되어 불확실한 내일이라는 인생길을 걸어가게 한다. 속도에
비틀거리지 않고 방향을 분명히 가늠하면서 말이다. 이런 모습
이 바로 즐기는 것이 아닐까. 꼭 춤추며 나비처럼 날아가는 것
이 아니라.

　그렇기에 류시화는《지구별 여행자》에서 인도의 식당 주인

의 입을 빌려 이렇게 말하지 않았을까.

"음식에 소금을 넣어야지 소금에 음식을 넣으면 안 된다."

공자가 인도의 식당 주인으로 환생하신 건가!

불안이라는 감정을 잘 다루기만 하면
성장과 동행자가 될 수 있다.
성공의 경험이든 실패의 경험이든
그것을 나의 자산으로 만들어낼 수 있다.

행동하게 하는 힘

삶은 명사일까, 동사일까

움직이지 않고 닿을 수 있는 곳이 있을까. 행동하지 않고 이룰 수 있는 것이 있을까. 한때는 그런 능력이 있으면 얼마나 좋을까 진지하게 원했던 적이 있었다. 알라딘의 요술램프를 보면서, 전래동화에서 도깨비 방망이를 알게 되면서다. 망상이었다. 현실은 동화랑 다르다는 것을 이제는 안다. 중요한 건 머리는 아는데 여전히 몸은 아직 모른다는 것이다.

《혼자 놀기》의 작가 강미영은 "갑자기 어디론가 떠나고 싶어졌을 때, 내가 찾는 곳은 인터넷 검색창이 아니라 버스 터미널이다. 일단 터미널로 가보면 어디로든 가게 되어 있다."라고 권한다. 평소 나의 모습을 망원경으로 지켜보고 있었나 라는 생각이 들 정도로 내밀한 곳을 들켜버린 기분이다.

동기는 행동을 유발한다고 알려져 있다. 실천력이 약한 사람은 자기 동기가 없거나 약하다는 뜻일 것이다. 어디론가 떠나고 싶다는 욕구는 동기다. 이런 동기가 있음에도 불구하고 인터넷만 뒤지다가 '다음에 가지 뭐' 하면서 체념 아닌 체념을 하고 주저앉은 적이 어디 한두 번인가. 그럼 이것은 무엇인가. 동기는 행동을 유발한다고 했는데 말이다.

누구에게나 더 나아지고 싶은 욕구가 있고 나름대로 그리고 있는 인생의 성공한 모습이 있다. 어떻게 해야 하는지도 알고 있다. 이런 동기가 있으면서도 많은 사람들이 생각만 한다. **'동기는 행동을 유발한다'**라는 말이 잘못된 것일까. 인지심리학자들은 이런 현상에 주목하고 그 원인을 밝히려고 애쓴다. 그 원인 중 하나로 제시하는 것이 동기에 대한 이유이다. 대부분의 사람들은 동기가 무엇인가에만 집중하지 왜 이런 동기가 생겼는지에 대해서는 별로 생각하지 않는다는 것이다. 그러다 보니 동기는 아는데 행동으로 잘 옮겨지지 않거나 적극적이고 능동적으로 지속해 나가지 못한다.

'어디론가 떠나고 싶어졌다'는 동기가 분명하지만 동기의 이유는 아니다. 왜 갑자기 어디론가 떠나고 싶다는 동기가 생겼을까. 이유를 분명히 알면 컴퓨터 앞에서 자판을 두드리며 모니터를 쳐다보고 있을까 아니면 옷을 챙겨 입고 있을까.

　이유를 찾기 힘든 경우도 많을 것이다. 그러면 어디로 떠날
지 목적지를 찾기보다 그 이유를 찾기 위해 욕구가 이끄는 대
로 길을 나서보는 것은 어떨까. 그곳이 어디든. 어쩌면 무작정
닿은 그곳에서 뜻하지 않게 그 이유를 만나게 되지 않을까.

　생각만으로 어떤 것을 이룰 수 없고, 열심히만 한다고 해서
뜻한 대로 되지 않는다. 생각과 행동, 열심히 하는 것과 제대로
하는 것과의 차이는 동기와 동기의 이유를 아느냐, 모르느냐
에서부터 시작하는 건 아닐까.

　'삶은 명사일까, 동사일까'의 물음도 여기에서부터 시작하
는 것이리라.

> 동기가 있다고 해서 바로 행동하게 되지는 않는다.
> 생각만으로 어떤 것을 이룰 수 없고,
> 열심히만 한다고 해서 뜻한 대로 되지 않는다.
> 삶은 늘 여러 질문에 답을 하는 과정으로 이루어진다.

삶은 계속 된다는 사실

어떤 일이 일어난 이후의 선택이

앞으로의 내 삶이 된다.

아들을 서울대 의대에 합격시키기 위해 수십억을 들여 학습 코디를 선임하고 철저한 계획 아래 공부를 시키는 부모. 아들은 기대에 부응하며 당당히 합격하고 부모는 자식을 훌륭히 잘 키운 성공한 사람으로 주위의 부러움과 찬사를 한몸에 받는다. 기쁨과 벅참도 잠시, 아들은 그간의 지옥같은 삶을 기록한 태블릿 PC를 남기고 여행을 핑계로 가출한다. 수소문 끝에 찾아간 엄마에게 아들은 싸늘하게 말한다.

"이제 당신들과 인연을 끊겠다. 당신들이 그토록 원했던 서울대 의대에 합격해줬으니 됐잖아. 이제 내 인생을 살겠다."

하늘이 무너지고 자신의 삶도 산산이 부서져버리는 고통

속에서 아들의 엄마는 엽총으로 자살을 하고 만다. 대학병원에서 잘 나가던 의사이자 교수였던 아버지 또한 폐인이 된다.

한때 세간의 화제였던 드라마 〈SKY 캐슬〉의 한 장면이다. 정말 드라마같은 이야기지만 우리가 살아가는 실제 삶에서도 정도의 차이가 있을 뿐 이와 같은 행복과 불행이 끊임없이 일어난다. 수많은 일들 속에서 우리는 잘 살기를 희망한다. '참 행복해'까지는 아니더라도 '그래도 이만하면 살만 하다' 정도는 되고 싶어 한다. 하지만 살다 보면 그렇게 쉽지 않다. 무엇 때문일까?

삶에 있어서 '일어난 일'과 '일이 일어난 이후' 중 어느 쪽이 더 중요할까? 일어난 일도 중요하겠지만 그 후의 일이 더 중요하다. 왜냐하면 우리의 삶은 이미 일어난 일 그 자체에 매여 있는 것이 아니라 그 이후에도 계속되기 때문이다. 일이 일어난 이후 어떻게 살아가느냐가 내 삶이 되고 그로 인해 돌이킬 수 없는 일을 반복하게도, 반복하지 않게도 된다.

드라마 속 그 엄마는 자기 욕심이었든, 허영이었든, 대리만족이었든 동기가 무엇이었든 간에 아들의 변심 이후 자살이라는 극단적인 선택 외에 길이 없었을까?

이미 일어난 일을 받아들이지 못하고 원래의 모습으로 되돌리지 못하면 내 인생은 끝장이야 라는 생각 외에 그 상황을 받아들이고 어떻게 하는 것이 모두가 잘살 수 있는 방법이 될 지는 생각할 수 없었을까?

그랬다면 그 가족의 삶은 어떻게 되었을까?

드라마 후반에 보면 술에 절어 살던 아버지가 아들과 재회한 후 깊이 깨닫고 시골 의료원에서 환자들을 돌보는 참다운 의사의 길을 간다. 그리고 과거의 자신과 똑같이 출세와 명예를 좇아 허둥대는 후배에게 진심어린 충고를 한다.

"아직 기회가 있으니 모든 걸 바로 잡아."라고.

그 후배 의사 또한 이미 일어난 일 이후의 삶을 어떻게 선택하느냐에 따라 삶의 모습은 달라질 것이다. 과거에 발목 잡혀 시궁창에 빠질 수도 있고, 과거의 잘못된 일을 받아들이고 바로잡음으로써 '이만하면 살 만하다' 라는 삶으로 나올 수도 있을 것이다. 우리의 삶을 소설에 비유하기도 하고 영화나 드라마에 비유하기도 한다. 그만큼 드라마틱하기 때문일 것이다.

'그 시대를 가장 모르는 사람은 그 시대를 살아가는 사람'이라는 말이 있듯이 내 삶을 가장 모르는 사람은 지금의 나일 것이다. 소용돌이치는 삶 속에 휘감기게 되면 살기 위해서 지푸라기라도 잡고 싶기 마련이다. 우리 인간은 얼마나 나약한 존재인가?

힘겹고도 힘겹지만 그나마 나약함에서 벗어나 이후의 삶을 책임지는 사람이 되기 위해서는 내 삶이라는 영화의 주인공에서 시청자가 되어보는 것이다. 우리 인간에게는 '자아의식'이라는 것이 있기에 제삼자의 입장이 되어보면 옳고 그름을 분별하는 능력을 발휘하는 것일 게다. 1인칭이 아니라 3인칭 시점에서 나를 바라본다면 일어난 일로 인해 지금 처해 있는 혼란스런 상황과 내가 앞으로 하고자 하는 선택을 보다 객관적으로 현명하게 판단할 수 있을 것이다.

　　내가 겪는 어려움으로 힘들어하는 모습은 주위로부터 어느 정도는 이해 받을 수 있을 것이다. 그로 인한 위로도 받을 것이다. 하지만 그 힘듦을 견디지 못해 또는 덮기 위해 하는 또 다른 잘못된 행동은 용납되지 못할 것이다. 우리가 사는 세상은 혼자 기분으로 느끼는 낭만적인 면보다는 냉정한 면이 더 큰 곳이기 때문이다.

> 이미 일어난 일이 내 삶을 무너뜨리지 않도록 하기 위해서는
> 일이 일어난 이후에도
> 내 삶은 계속된다는 사실을 기억해야 한다.

소중한 것, 두려운 것

삶에서 가장 소중한 것은 무엇인가
진정 두려운 건 무엇인가

"사람이 모이면 말이 모이고, 말이 모이면 뜻이 모이고, 뜻이 모이면 독립을 이룬다."

일제 강점기 30년. 일제는 조선의 민족성을 완전히 없애기 위해 창씨개명, 조선말 사용 금지 등 수단과 방법을 가리지 않고 무참히 싹을 짓밟고 뿌리를 뽑아 갈기갈기 찢어버리는 만행을 저지른다. 이에 맞서 '조선어학회'는 조선의 말을 지켜 민족정신을 살리기 위해 '우리말 사전' 편찬 작업을 비밀리에 진행한다. 이 과정을 그린 영화가 〈말모이〉다.

가슴 아픈 역사는 뒤로 하더라도 영화를 보면서 '진정 두려운 건 무엇인가' 라는 생각이 들었다. 진정 두려운 건 꿈을 이루지 못하는 것이 아니라 꿈을 이루겠다는 뜻을 잃어버리는 것이 아닐까? 조선의 독립을 위해 각계각층에서 목숨을 바쳐 고 군분투한 독립운동가분들이 가장 두려워한 것은 동지들이 뜻을 잃어버리는 것이 아니었을까?

반면 일제가 가장 두려워한 것은 조선인이 뜻을 잃어버리지 않는 것, 즉 뜻을 세우는 것이었을 것이다. 그렇기에 우리는 뜻을 잃지 않기 위해 처절하게 싸웠고, 일제는 뜻을 세우지 못하게 하기 위해 더 악랄하게 짓밟았을 것이다.

'조선어학회' 대표 류정환(윤계상)의 아버지인 류완택(송영창)도 처음부터 매국노는 아니었다. 오히려 조선의 독립을 위해 교단에서 민족성을 되살리기 위해 노력한 교육자요 애국자였다. 아버지 류완택이 뜻을 꺾지 않는 아들에게 외친다.

"벌써 삼십년이야. 삼십년 동안 되지 않은 독립이 될 것 같으냐? 언제? 내년, 십년 후, 백년 후? 독립은 되지 않아."

이 대목에서 영화 〈암살〉에서 이정재가 한 대사가 떠올랐다. 왜 동지들을 배신했느냐는 물음에,

"조선이 독립될 줄 몰랐어. 알았다면 내가 왜 그랬겠어."

나라는 빼앗겨도 뜻을 빼앗기지 않으면 다시 되찾을 수 있지만, 뜻을 잃는다면 멀쩡한 나라라고 하더라도 지킬 수 없게 될 것이다.

나는 어떤 뜻을 가지고 살아가는 사람인가?

내 삶의 뜻을 세운다는 것은 어떤 의미인가?

삶에서 가장 소중하게 여기는 것을 지켜나간다는 의미가 아닐까?

내가 가장 소중하게 생각하는 것은 무엇인가?

그것은 어떤 의미와 가치가 있는가?

매 순간 나의 뜻을 지켜나가기 위해 지금 나는 어떤 선택과 힘을 다하고 있는가?

오늘도 그 뜻을 잃어버리지 않았는가?

이러한 물음을 품고 나를 돌아본다.

〈말모이〉 영화는 모두가 봤으면 싶은 마음이다.

진정한 삶은
어디에 뜻을 두고,
지금 내가 뜻을 둔 곳에 있는가, 없는가에
달려있는 것이다.

나는 마지막 순간에 어디에 있을까

**어떻게 하면 마지막 순간에 내가 있어야 할 곳에서
내가 할 수 있는 일을 하면서 나로서 있을 수 있을까?**

〈보헤미안 랩소디〉는 영국의 전설적인 그룹 퀸의 일대기를 다룬 영화다. 퀸의 리더싱어 프레디 머큐리는 말 그대로 한 편의 영화와 같은 삶을 살다간 인물이다. 세상 사람들의 영웅으로서 최고의 정점까지 올랐다가 끝 모르는 골짜기로 수직급강하한 프레디 머큐리는 급기야 에이즈라는 불치병까지 얻는다. 모든 것을 잃고 나서야 비로소 본연의 모습을 찾게 되고 전 세계 불치병 환자를 위한 자선공연에서 그가 가진 모든 음악적 열정을 쏟아내고 장렬히 산화한다.

영화가 끝났을 때 가슴에서 울려오는 질문 하나가 있었다.

'나는 마지막 순간에 어디에 있을까?'

어떻게 하면 마지막 순간에 내가 있어야 할 곳에서 내가 할 수 있는 일을 하면서 나로서 있을 수 있을까? 프레디 머큐리의 삶 속에서 그 답을 찾아본다.

첫 번째는 **나의 일에 열정과 모든 재능을 쏟아 부을 수 있는 신념과 자세를 가져야 한다.** 프레디 머큐리는 자신의 음악의 길이 태어날 때부터 정해져 있었다고 했다. '퀸이 여타 그룹과 다른 점이 무엇인가?' 라는 질문에 분명하고도 단호하게 '부적응자를 위한 음악을 하는 부적응자들'이라고 밝힌다. 무대에서 노래를 부를 때의 느낌에 대해서는 "무대에서 모든 사람들이 나를 보고 있으면 틀리려고 해도 틀려지지 않아. 아무것도 두려울 것이 없어져. 늘 꿈꾸던 사람이 되어 있거든." 이라고 한다.

늘 꿈꾸던 사람이 되어 있는 삶은 그 자체로 행복이고 성공일 것이다.

두 번째는 **서로를 가장 빛나게 해줄 수 있는 가족같은 동료가 있는가** 하는 것이다. 프레디 머큐리가 팀에서 이탈해 솔로로 전향했을 때 더 이상 이전의 프레디 머큐리가 될 수 없었던 것과 마찬가지로 아무리 뛰어난 재능과 신념을 갖고 있다 하더라도 혼자서는 한계가 있다. 우리는 함께일 때 더 위대해지는 존재다. 단 누구와 함께 하느냐가 중요하다. 프레디가 팀을 떠나고 나서야 알게 된 진실이다.

"내가 새로 밴드를 만들어 시켰어. 그런데 시키는 대로만 해. 누구처럼 반대하지도 않고, 누구처럼 더 좋게 수정하지도 않아. 누구처럼 흥이 나서 제멋대로 하지 않아. 나에겐 너희가 필요해. 그리고 너희도 내가 필요해." 라고 하면서 서로를 가장 빛나게 해주는 가족같은 동료가 얼마나 중요한지를 보여준다.

《12가지 인생의 법칙》을 쓴 조던 피터슨이 인생의 법칙 중 하나로 '당신에게 최고의 모습을 기대하는 사람만 만나라'라고 조언하는 것도 같은 맥락일 것이다.

세 번째는 안정을 찾고 나의 힘을 최대한 회복할 수 있는 나만의 '퀘렌시아'를 갖는 것이다. 프레디는 양성애자로서 연인이었던 메리와 가정을 이룰 수 없었다. 대신 새 매니저인 폴 프렌터와 함께 생활하면서 무질서하고 무절제한 삶으로 빠져든다. 화려한 무대와 열광하는 팬들이 빠져나간 후 느껴지는 공허함을 따뜻한 보금자리에서 사랑으로 채울 수 없었던 프레디는 점점 폐허가 되어갔다. 급기야는 에이즈라는 몹쓸병을 얻고 사형선고를 받는다. 망가지고 있는 옛 연인의 모습이 안타까웠던 메리는 진심어린 충고를 한다.

"집으로 돌아와. 저 사람들은 널 아끼지 않아."

깊은 잠에서 깬 사람처럼 프레디는 정신을 차린다. 비록 시한부 판정을 받은 상태이지만 "내가 누군지는 내가 결정해"라고 선언하며 본연의 자신이게 하는, 태어날 때부터 정해진 길을 가고자 결심한다. 다시 퀸의 리더싱어가 되어 수십만 청중 앞에서 마지막 남은 한 올까지 모두 불태우며 모든 이들의 우상이었던 프레디 머큐리로 생을 완성한다.

일터가 중요한 만큼 편안히 휴식할 수 있는 따뜻한 보금자리도 중요하다. 낮과 밤의 조화 없이는 하루가 온전히 완성되지 못한다. 우리의 삶도 마찬가지다.

조용히 눈감고 나 그리고 나와 함께하는 사람들을 생각해 본다. 나의 마지막 순간은 어떠할까?

> 나의 마지막 순간에 내가 있어야 할 곳에서,
> 나를 진정으로 아끼고 필요로 하는 사람들과 함께,
> 내가 할 수 있는 일을 하면서 나로서 완성되는 삶!

그래서 무엇이 '문제'인가?

문제해결에 앞서 더 중요한 것은

너무나 당연하게도 '문제'를 인식하는 일이다.

류시화 작가의 《인생우화》라는 책에는 바보들이 모여 살고 있는 폴란드의 작은 마을 '헤움 사람들의 이야기'가 나온다. 읽는 내내 불편함을 느꼈던 것은 헤움 사람들의 어처구니없는 모습에서 나 자신을 발견했기 때문일 것이다. 불편한 진실이다. 그러면서 바보는 과연 어떤 사람인가에 대해 생각해보게 된다.

바보는 어리석음에 어리석음을 더하는 사람이 아닐까?

첫 번째 어리석음은 문제를 바르게 인식하지 못하는 어리석음이다. 두 번째 어리석음은 문제해결능력이 없는 어리석음이다. 무엇이 문제인지를 정확히 파악하지 못하니 지혜로운 해결방법을 어떻게 찾을 수 있겠는가. 그러다 보니 헤윰 사람들의 삶의 모습은 대체로 네 가지 경향을 보인다. 첫 번째는 다른 사람의 말을 의심 없이 믿는다. 특히 권위 있는 사람 또는 권위가 있다고 생각되는 사람의 말은 맹목적으로 믿는다.

두 번째는 있는 그대로의 사실을 보려고 하지 않고 자신이 믿고 있는 것이나, 믿고 싶은 것을 사실이라고 믿는다. 그리고 일체의 의심을 하지 않는다.

세 번째는 문제가 생기면 눈앞에 보이는 상황만 논하다가 결국에는 문제는 그대로 두고 자신의 관점을 바꾸어버린다. 그러고는 아무 일 없었다는 듯이 문제가 해결되었다고 생각한다.

네 번째는 문제를 해결할 능력이 있는 사람이 아니라 시간과 여건이 그럴듯한 사람을 적임자로 뽑아 문제해결을 맡겨버림으로써 해결했다고 결론짓는다. 더 기가 막힐 노릇은 그러면서 스스로를 지혜로운 사람이라 생각한다는 것이다. 그런 헤윰 사람들을 다른 도시 사람들은 바보라고 비웃으며 멸시하고 농락한다. 겉으로는 지혜로운 사람들이라고 부르면서 말이다.

책을 읽는 내내 영화 〈내부자들〉과 〈국가 부도의 날〉이 뇌리에서 떠나지 않았다. 눈앞의 이해관계에 눈이 멀어 사리분별을 제대로 하지 못한 일들이 떠올랐던 건 왜일까? 나 또한 헤 움 사람들과 별반 다를 바 없는 모습에 씁쓸했다.

사람을 잘 믿는 것, 내가 믿고 있는 것과 믿고 싶은 것을 지 키고자 하는 것, 상황을 바꿀 수 없으면 내 마음을 바꾸는 것, 내가 할 수 없는 일은 나보다 더 유능한 사람에게 맡기는 것을 바보라고 할 수 없다. 오히려 진실되고 신념 있고 현명한 사람 이다. 다만 무엇이 문제인지를 모르는 상태에서 내리는 맹목적 인 선택과 결정이 문제다.

문제를 잘 해결하기 위해서는 문제를 잘 인식해야 한다. 우 리는 무엇을 '문제'라고 할까? 우리가 원하는 상태가 있다. 그 리고 현재의 상태가 있다. 원하는 상태와 현재의 상태가 같으 면 아무런 문제가 없지만 다르면 문제가 있다고 생각한다. 즉 원하는 상태가 되지 못하는 것이 문제다. 그런데 실제로는 무 엇을 원하는지를 잊어버리고 현재의 마음에 안 드는 상황을 문 제 자체라고 받아들이기 일쑤다.

날씨도 맑고 바람도 시원해서 자전거를 타고 하이킹을 가 려고 한다. 그런데 자전거 타이어가 펑크가 나서 바람이 빠져 있다. 무엇이 문제일까?

지금 바로 하이킹을 갈 수 없는 것이 문제다. 바람 빠진 자전거는 문제의 원인이다. 그럼 하이킹을 가려면 자전거 타이어 펑크를 고쳐 바람을 채우거나 빌려서 타고 가면 된다. 하지만 펑크 난 자전거 자체를 문제라고 생각하면 어떻게 될까?

누가 펑크를 냈는지 찾느라 시간을 허비하고 평소에 관리를 어떻게 했기에 이러냐면서 남 탓하고, 타이어를 이렇게 형편없이 만들어서 되나 등을 따지다 기분이 상하고 결국에는 하이킹을 가지 않는다. 맑은 햇살과 시원한 바람을 느끼며 자전거를 타고 싶었던 일은 온데간데없어진다.

내가 원하는 것이 무엇인지를 분명하게 아는 것이 첫 번째 어리석음에서 벗어나는 길이다. 그렇게 되기 위해서 무엇이 필요한지를 아는 것이 두 번째 어리석음에서 헤어나는 길이다.

> 문제를 잘 해결하기 위해서는 문제를 잘 인식해야 한다.
> 자, 이제 무엇이 '문제'인가?

저녁이 있는 삶

낮만 있는 삶, 밤만 있는 삶이 아닌

균형 잡힌 삶을 가꾸어나가야 한다.

1차 세계대전이 끝날 무렵, 영국의 저명한 귀족 가에서 집사로 근무하는 스티븐스라는 사람이 있었다. 그는 당대 뛰어난 집사였던 아버지의 영향으로 '위대한 집사란 무엇인가' 라는 질문을 항상 마음에 새기면서 위대한 집사가 되기 위해 완벽하리 만큼 자신의 일에 모든 것을 바친다. 사적인 생활을 포기함은 물론이고 아버지의 임종도 지키지 못했으며 사랑하는 사람에 대한 감정까지 애써 외면하며 오로지 위대한 집사로서의 자기 질문에 완벽히 답하는 삶을 살아간다. 그러다 2차 세계대전 후 모시던 주인의 몰락과 함께 그도 주인의 집이 미국의 신흥재력가에게 처분될 때 일괄거래 품목의 하나로 취급당하며 처분되는 삶으로 전락하고 만다. 노벨 문학상 수상자인 가즈오 이시구로의 소설《남아 있는 나날》의 이야기다.

스티븐스는 무엇 때문에 자신의 모든 삶을 던져 위대한 집사가 되려고 했을까? 결말에 처한 스티븐스를 보면서 안타까움과 서글픔을 참을 수가 없다. 스티븐스 본인도 이런 결과는 아마 상상조차 하지 못했을 것이다. 무엇이 한평생 자신의 직분을 다하기 위해 최선을 다한 스티븐스의 삶을 이렇게까지 외롭고 비참하게 만들었을까? 만약 스티븐스의 인생의 질문이 달랐다면 어땠을까? '위대한 집사란 무엇인가'에서 출발하지 않고 '위대한 삶이란 무엇인가'에서 시작했더라면 어떠했을까? 위대한 집사에서 출발하면 그 자체가 내 삶의 전부가 되지만 위대한 삶에서 출발하면 위대한 집사는 위대한 삶을 이루는 하나의 중요한 요소가 된다. 그로 인해 삶을 바라보는 안목과 삶에 대한 방향이 달라져 균형 잡힌 삶의 태도를 갖게 될 것이다.

그럼, 균형 잡힌 삶이란 어떤 삶일까? 하루와 같은 모습일 것이다. 하루는 크게 낮과 밤으로 구분된다. 밤이 편안하려면 낮이 충실해야 하고, 낮이 충실하려면 밤이 편안해야 한다. 이렇게 균형 잡힌 하루는 낮과 밤이 서로 원인과 결과가 되면서 조화롭게 교차했을 때 가능하다. 우리의 삶의 모습이 이와 같다. 하지만 스티븐스는 밤이 없는 하루를 살아가는 존재였다. 오로지 자신이 맡은 일을 완벽하게 수행함으로써만 위대한 자신의 삶이 완성된다고 믿었다.

스티븐스의 삶에 현대를 살아가고 있는 우리의 모습이 그대로 투영된다. 감정이 이입되니 그의 삶이 남긴 자리가 더욱더 아프게 내 인생의 굴레가 되어 옥죄어온다.

저녁이 있는 삶이 되려면 어떻게 해야 할까? 먼저 저녁은 내 삶에 어떤 의미인가, 내가 바라는 저녁의 풍경은 어떤 모습인가에 대한 이해가 있어야 할 것이다. 그로 인해 내 삶의 의미와 내 존재의 의미 그리고 나아가고자 하는 삶의 방향과 그것에 대한 가치를 생각해야 할 것이다. 그래야만 균형 잡힌 삶을 가꾸어갈 수 있다.

본질적으로 보면 꽃의 자리는 열매를 위한 자리다. 열매가 위대한 이유는 씨앗을 품고 있기 때문이다. 고로 열매의 자리는 씨앗을 위한 자리다.

이와 같은 원리를 적용해본다면 하루 중 잠을 자는 시간은 하루를 준비하는 시기, 즉 싹을 틔우는 시기다. 아침에 일어나서 점심때까지는 꽃을 피우는 시기다. 퇴근 전까지는 열매를 맺고 그 열매를 튼실하게 키워 수확하는 시기다. 퇴근 후 저녁

시간은 수확한 열매를 소중한 사람들과 함께 음미하며 나누고 누리며 즐기는 시간이다. 그리고 열매가 선물한 씨앗을 고이 품는 시기다. 그 씨앗은 밤 시간을 통해 다시 싹을 틔우고 꽃을 피워 열매를 맺게 하고 다시 씨앗을 품으며 순환한다.

그렇기 때문에 낮은 저녁을 통해 충실할 수 있고 저녁은 낮을 통해 평온할 수 있다. 이것이 균형 있는 삶이 될 것이다.

이러한 사실을 망각하고 스티븐스와 같이 한쪽에만 치우친 삶을 산다면 〈곡성〉이라는 영화에서 소름끼치며 외쳤던 "무엇이 중헌디?"라는 영혼의 소리가 생의 마지막 순간에 처절한 비명으로 울려퍼지게 될 것이다.

위대한 집사가 되기 위해 가장 소중한 자신의 삶을 희생하고 일괄거래 품목의 하나가 되고만 스티븐스의 삶을 생각하며 '남아 있는 나날' 나의 삶은 무엇으로 또 어떻게 채워야 할까 깊이 생각해보게 된다.

내가 원하는 저녁이 있는 삶이 되기 위해서.

- - -

낮만 있는 삶, 밤만 있는 삶은 불안하다.
충실한 낮과 편안한 밤이 균형 있게 돌아가야 한다.
우리의 삶의 모습도 이와 같다.

나무의 삶에서 배우는 자연의 섭리

진리와 지혜는 말로 설명할 수도

이룰 수도 없음을 나무는 알고 있다.

나무는 말하지 않는다. 단지 인간이 해석할 뿐이다. 나무에게 내려진 최대의 형벌은 움직이지 못한다는 것이라고.

삶의 터전이라는 관점에서 생각해본다면 나무랑 우리랑 무슨 차이가 있을까 싶다. 터전을 바꾸기가 그리 쉬운가. 그럼에도 불구하고 우리의 발은 땅에 한 번 박히면 빼낼 수 없는 뿌리와는 다르지 않느냐고 맞선다면 달리 설명하고 싶은 마음이 없어진다. 그렇게 생각한다면 그런 거니까.

뿌리보다 더 깊이 박힌 발을 빼지 못해 나 하나만이 아니라 여럿, 더 나아가 전체에 해악을 끼친 이들이 어디 한둘인가? 이러한 오만이 빚어낸 어리석음을 나무의 뿌리가 본다면 뭐라고 한마디할까 궁금하다 못해 겁이 난다. 이것도 얄팍한 인간의 입장에서 이기적으로 해보는 생각일 뿐이다.

정녕 나무는 아무 말도 하지 않을 것이다. 그냥 묵묵히 자기의 삶을 살고 그 삶의 모습으로 말할 것이다. 진리와 지혜는 말로 설명할 수도 이룰 수도 없음을 너무나도 잘 알기 때문이다.

나무는 땅위의 세상을 위해 땅속의 세상을 먼저 밝힌다. 경쟁하여 나를 성급히 드러내는 것보다는 함께 합치고 서로의 힘을 보태는 것이 생존과 영구의 길임을 험난한 세월속 경험을 통해 본능적으로 깨우쳐 알고 있기 때문이다.

드러내고 뽐내고 싶은 마음 또한 본능이지만 그 전에 어떤 절차를 거쳐야만 자신의 모습으로 존재할 수 있는지를 알기에 조급해하지도 다른 나무를 시기하지도 않는다.

다만 나의 자리를 살피고 나를 이루기 위해 잠시도 쉬지 않고 해야 할 일을 할 뿐이다. '넌 이래서 안 되고 지금 당장 내가 살아야 하니까 너를 살필 겨를이 없어' 라고 하면서 독단적으로 뻗어 나가는 것이 아니라 찾아오면 내치지 않고, 엉키면 떼지 않고, 합쳐지면 끊어내려 하지 않고, 서로의 힘과 상황에 맞추어 서로 의지하고 보태면서 땅속 세상을 다져나간다. 그런 대타협에 의한 융합이 이루어졌기에 땅위의 세상은 질서가 있고 아름다움이 있고 때론 경이로움도 있게 되는 것일 게다.

　나무는 안다. 그래서 꽃이 피어 사람들이 감탄하고 사진기를 들이대며 호들갑을 떨 때 우쭐해하지 않는다. 꽃의 자리는 열매를 위한 자리임을 알기 때문이다.

　탐스런 열매가 달리고 많은 이들이 그 모습과 맛에 아우성을 칠 때 열매는 담담하다. 열매의 자리는 속에 품고 있는 씨앗의 자리임을 알기 때문이다. 그리고 씨앗은 생명의 뿌리를 품고 있음을 알고 있다. 그 생명은 대지에 뿌리내리면서 다시 시작한다는 사실을 알고 있다.

　자연의 섭리가 이러한 것을 알기에 일희일비하지 않는다. 자만하지도 자괴하지도 않는다. 순간순간의 변화된 상황들을 받아들이고 묵묵히 견디면서 나아갈 뿐이다.

　다만 얕은 잇속에 물든 사람만이 모를 뿐이다.

　• • •

나무는 땅위의 세상을 위해 땅속의 세상을 먼저 밝힌다.
씨앗은 생명의 뿌리를 품고 있고,
꽃의 자리는 열매를 위한 것임을
나무는 모두 알고 있다.

되는 사람의 비밀

어떤 일을 시작할 때의 간절한 처음의 마음과

처음의 모습을 잊어버리지 않는 사람

되는 사람과 안 되는 사람의 차이는 무엇일까? 사람과 사람을 비교하기보다 각자의 경우를 생각해보면 조금은 그 차이를 알 수 있지 않을까? 지금까지 한 일들 중에서 나름 되고 있는 일과 안 되고 있는 일은 무엇 때문에 그러한가 라고 말이다.

처음의 마음과 모습을 잊어버리지 않는 사람

되는 사람은 처음의 마음과 처음의 모습을 잊어버리지 않는 사람이 아닐까? 어떤 일을 할 때 처음에는 누구나 간절한 마음을 갖고 시작할 것이다. 그랬던 마음이 시간이 지남에 따라 옅어지고 하고 있는 일만 남게 된다. 무엇 때문에 시작했는지를 잊어버린 채 '해야 하는 일'로 자리 잡게 된다.

우리는 대부분 처음의 모습보다는 지금 현재의 모습에 익숙해져서 늘 이 모습이었다고 착각하며 살아간다. 초등학생 시절을 지나 중학생이 되고, 청소년 시절을 지나 지금의 모습에 이르게 되면 옛 모습은 까마득하게 잊어버리고 늘 지금의 모습이었던 것 같은 착각 말이다.

무엇을 배울 때도 마찬가지다. 현재의 모습이 익숙하다 보니 처음보다 얼마나 더 나아졌는지, 얼마나 변화가 되었는지를 느끼지 못하고 늘 제자리 걸음만 하고 있다는 생각에 답답한 마음이 든다. 성취감을 느끼지 못하니 재미가 없다. 좀 더 지나면 자신에 대한 불평불만과 다른 사람과의 비교를 통해 자괴감마저 느끼게 된다.

처음의 간절한 마음은 처음의 내 모습을 잊어버리지 않게 함으로써 겸손한 마음과 욕심을 조절할 수 있게 하여 멈추지 않게 한다. 와신상담의 고사를 통해서도 알 수 있다. 처음의 마음을 잊지 않고 목표를 달성하기 위해 가시덤불 위에서 잠을 자고 쓸개를 씹어 먹으면서 마음을 지키고자 했던 부차와 구천처럼 말이다.

그럼, '되는 사람'이 되기 위해 어찌해야 할까? 부차와 구천처럼 똑같이 할 필요는 없을 것이다. 대신 처음의 모습과 원하는 모습 그리고 간절한 마음을 있는 그대로 글로 기록하는 것이다. 생각은 시간이 지남에 따라 사라질 수 있으나 글은 그렇지 않다. 잘 쓰려고 하기보다는 꾸밈없이 있는 그대로의 마음과 모습을 자세하게 적는 것이 중요하다. 형식에 얽매일 필요도 없다. 이것이 소위 말하는 자기사명서가 되지 않을까.

지금 내가 하고 있는 일이 의미가 없거나 재미가 없을 때, 해야만 하는 일로 느껴질 때나 조금도 나아진 게 없다는 생각이 들 때, 자꾸만 그만두고 싶은 생각이 들 때나 조급한 마음이 들어 다른 사람들이 부럽고 나 자신이 싫어질 때 읽어보는 것이다. 그럼 그 글은 와신상담이 되어 나를 홀연히 깨운다. 다시 처음의 마음과 모습이 되어 걸어갈 수 있을 것이다.

이렇듯 되는 사람은 어떤 일을 시작할 때의 간절한 처음의 마음과 처음의 모습을 잊어버리지 않는 사람이 아닐까?

되는 이유를 찾는 사람, 안 되는 이유를 찾는 사람

되는 사람이 되기 어려운 건 안 될 수밖에 없는 상황이 많아서일까, 아니면 상황에 대한 생각이 달라서일까?

스피치 공부를 예로 들어보겠다. 여러 사람 앞에만 나서면 홍당무는 저리 가라 할 정도로 얼굴이 붉어지는 분이 있다. 이 때문에 곤란을 겪은 경우가 한두 번이 아니다. 발표할 상황이 생기면 며칠 전부터 밥도 못 먹고 잠도 못잘 정도로 생활 자체가 어려워진다. 이런 경우 뛰어들어 해결하는 사람이 있는가 하면 늘 도망만 다니며 불안을 더 키우는 사람도 있다.

어떤 차이가 있을까? 해결하는 사람은 얼굴이 붉어지는 내 모습을 스피치를 공부해야 하는 이유로 삼는다. 반면 도망치는 사람은 스스로를 스피치 공부를 할 수 없는 사람이라고 여긴다. 스피치가 되는 사람과 안 되는 사람으로 갈리는 지점이다.

실제로 이런 사람이 있었다. 해야 하는 이유로 삼은 사람은 몇 년 동안 공부를 지속한 나머지 지금은 자신이 뜻한 바를 더 잘 표현함으로써 그 전과는 다른 삶을 살고 있다. 해서는 안 되는 이유로 받아들인 사람에 대해서는 상상에 맡기겠다.

독서하는 사람도 마찬가지다. 지금까지 사는 것이 바빠 제대로 책 한 권도 읽지 않은 사람, 그로 인해 책만 펼치면 오 분도 되지 않아 눈꺼풀이 책을 덮어버리는 사람이 있었다. 앞으로 책 읽는 사람이 되느냐 여전히 책만 보면 잠자는 사람이 되느냐는 바로 이 상황을 해야 하는 이유로 받아들이느냐, 하지 말아야 하는 이유로 받아들이느냐에 의해 가름된다.

되는 사람에게나 안 되는 사람에게나 주어진 상황은 다르지 않다. 다만 그 상황에 대처하는 생각이 다를 뿐이다. 흔히 얘기하는 긍정적인 사고와 부정적인 사고의 힘이라고 할 수 있다. 늘 '나도 그랬으면 좋겠다' 라며 기대만 하고 부러워하는 사람과 '나도 될 수 있고 할 수 있어' 라고 생각하는 사람의 삶.

나는 어떤 삶의 주인공이 되고 싶은가?

자신을 돌볼 줄 아는 사람

되는 사람은 자신을 돌볼 줄 아는 사람이다. 하지만 우리는 자신을 돌보는 것보다는 쓰는 데 더 익숙하고 더 열중한다. 돌볼 줄 모르고 쓸 줄만 아는 사람! 그 끝은 어떠할까? 충전하지 않고 쓰기만 하는 스마트폰의 운명과 다를 바 없을 것이다.

함께 공부하고 있는 분의 이야기다.

입사 후 이십여 년 동안 일벌레로 살았다. 가족에게나 친구들에게는 소홀한 점이 많아 그다지 존재감이 없었지만 직장에서는 책임감 강하고 일 잘하는 사람으로 탄탄하게 인정을 받았다. 회사에서 꼭 필요한 사람이라는 평가에 잔뜩 고무되어 지칠 줄 모르고 밤늦게까지 일에 전념하는 나날을 보냈다.

그러던 어느 날! 회사 화장실에서 영문도 모른 채 쓰러진다. 실제 본인은 쓰러졌는지도 모르는 상태에서 일어난 일이었다. 그렇게 의식을 잃은 상태에서 열흘이라는 시간이 지나갔다. 생과 사의 경계를 본인은 전혀 모르는 상태에서 가족들의 오열 속에서 넘나들었다. 하느님이 보우하사 기적적으로 의식을 되찾고 다시 삶을 선물 받았다. 그는 그동안의 일을 전해 듣고 큰 충격에 빠진다. 아찔한 정신으로 지난날을 돌아보니 그 당시에는 별일 아닌 것으로 넘겨버렸던 징조들이 자신을 돌보라고 여러 차례 신호를 보냈었다는 사실을 깨닫는다.

더 이상 이렇게 살아서는 안 되겠구나 다짐했다고 한다. 그때부터 시행한 것이 일주일에 두 시간씩 경보하기, 한 달에 책 한 권 읽기, 일주일에 한 번씩 가족과 외식하기였다고 한다. 그렇게 한동안 삶의 패턴을 바꾼 결과 여러 가지 면에서 조금은 안정감을 느낄 수 있었지만 온전히 자신의 삶을 살고 있다는 생각은 들지 않았다. 다시 고심한 끝에 한 가지를 더 추가하기로 했다. 회사에서 무조건적인 예스맨이 아니라 NO를 할 줄 아는 사람이 되자, 그로 인해 돌아오는 결과에 대해서는 그대로 받아들이자, 대신 새롭게 얻게 된 것에 감사하자, 였다. 직장인으로서 결코 쉬운 결정은 아니었을 것이다. 하지만 그 결과 지금은 자신의 삶의 주인으로서 만족스러운 일상을 보내게 되어 즐겁다고 한다.

자전거를 탈 때 페달을 계속 밟지 않으면 넘어질 것 같은 불안감에 숨이 턱까지 차올라도 멈추지 않고 쉴 새 없이 달리는 사람이 있다. 그 순간 자전거를 멈춘다고 해서 자전거와 함께 넘어지지 않는다. 왜냐하면 그때까지 페달을 밟느라고 있는 줄도 몰랐던 자신의 두 다리가 땅을 딛고 서 있기 때문이다. 다리는 자전거를 탈 때 페달을 밟기 위해서만 존재하는 것이 아니기 때문이다. 그 사실을 잃어버린 채 살아간다면 지금까지 힘들게 쌓아온 일들이 순식간에 사라져버리게 될지도 모른다.

되는 사람은 자신을 돌볼 줄 아는 사람이다. 이젠 달리는 자전거의 페달에서 발을 떼고 땅의 기운을 느껴보는 것이 어떨까? 쓰는 삶과 돌보는 삶의 균형감이 되는 사람의 기본이 아닐까 생각한다.

어디로 가는지 아는 사람

나는 어디로 가고 있는가? 내가 어디로 가는지를 아는 사람이 되는 사람이지 않을까? 여기에서 얘기하는 '어디'를 안다는 것은 목표가 아니라 목적을 뜻한다. 도착점이 아니라 방향성이다. 이것은 참으로 중요하다. 왜냐하면 보이는 것과 보이지 않는 것의 관계를 말하는 것이기 때문이다. 무엇을 이루는 힘은 보이는 것이 아니라 보이지 않는 것이기 때문이다.

보이는 것은 무엇이고 보이지 않는 것은 무엇일까?

예를 든다면 '선생님이 되고 싶다.' 이건 명백히 보이는 것이다. 목표라고 할 수 있다. 선생님이란 과연 무엇을 하는 사람

이고, 왜 선생님이 되고 싶고, 어떤 선생님이 되고 싶은가, 이
건 잘 안 보이는 것이다. 목적, 방향성이라 할 수 있다. 흔히들
얘기하는 꿈이다. 되는 사람은 목표가 아니라 방향성, 즉 진정
한 꿈이 있는 사람이다.

우리 모두는 일을 하고 관계를 맺으며 살아가고 있다. 나는
어떤 일을 하는 사람이며 누구와 관계를 맺고 있는지는 잘 안
다. 하지만 지금 내가 하고 있는 일이 무엇을 향하고 있으며 어
떤 의미를 만들어가고 있는가를 진정으로 알고 그것을 이루
어 나가는 사람은 드물다. 내가 너무 비약하는 건 아닌지 모르
겠다. 중요한 건 일을 알고 있는 사람과 일의 의미를 알고 있는
사람과의 차이는 엄청나게 크다는 사실이다. 관계에 있어서도
다를 바가 없다.

> 눈에 보이는 목표는 종착점이 아니라 출발점일 뿐이다.
> 나아가는 길목 길목마다
> "나는 지금 제대로 가고 있는가?" 라는 질문을 던지며,
> 내 삶의 의미를 잃어버리지 않는 게 중요하다.

숫돌에 칼날을 갈아야 하는 순간

우선, 내 삶의 칼날이 무뎌졌을 때
필요한 숫돌은 무엇일까?

처음 칼을 샀을 때는 예리하게 날이 잘 서 있지만 쓰면 쓸수록 무뎌진다. 더 많은 힘을 들여도 성능이 시원치 않다. 그럴 때 숫돌에 칼을 갈면 새 칼이 된 듯 제 모습을 찾는다. 그러고 보면 숫돌은 칼에게 생명력을 불어넣는 조물주와 같은 존재다.

그럼, 내 삶이라는 칼날을 가는 숫돌은 무엇일까? 매일, 매 순간 나를 씀으로써 나를 만들어가고 있기에 쓰면 쓸수록 칼날과 같이 무뎌지게 될 것이다. 삶의 칼날은 생각과 마음일 것이다. 어떤 생각과 어떤 마음으로 살아가느냐에 따라 나의 모습이 만들어지기 때문이다.

초심이라는 칼날이 무뎌지면 어떤 현상이 일어날까? 새로운 생각을 하기 어렵고 귀찮아진다. 깊이 생각하면 머리가 아프고 멍해진다. 늘 하던 대로 하려 하고 이마저도 힘겹다. 의미도 없고, 재미도 없고, 신나지도 않는다. 하루하루를 의무감으로 채우고 있다는 생각에 편하고 쉬운 것만 찾게 된다. 집에 오면 소파에 퍼져 TV 리모콘만 돌린다. 알아서 내 시간을 보내주니 감사하기까지 하다. 그리고 이런 모습이 습관이 된다.

내 삶의 칼날이 무뎌졌을 때의 나의 모습이다. 칼날을 갈아야 할 순간이라는 것을 깨닫지 못하고 '고갈된 거야' 라고 합리화하면서 채워질 때까지 푹 쉬는 것이 답이라 생각했다. 시간이 가면 갈수록 채워지기보다는 내 눈동자는 자판 위에 널부러져 있는 냉동 생선처럼 생기를 잃어만 갔다. 나 자신이 싫어지기 시작하면서 겁이 났다. 이대로 퇴물이 되는 건 아닌가?

예전의 빠릿빠릿하게 생활하던 모습을 되찾아야 했다. 해답은 무뎌진 내 삶의 칼날을 갈 숫돌을 찾고, 즉시 가는 것이었다. 내 삶의 숫돌은 매주 수요일에 하는 수요무료강연과 그 내용을 정리하는 글쓰기다. 그리고 한 달에 한 번씩 하는 독서토론모임이다.

매주 강연을 하기 위해서는 강연의 소재를 찾고 주제를 정하여 구성하고 살을 붙여야 한다. 나의 강연 주제는 삶에 대한 것이기에 삶 속에서 찾아야 한다. 그러다 보니 자연스럽게 일상에 눈을 뜨게 되고, 다시 느끼고 생각하는 습관이 생겼다. 즉 삶을 대하는 태도가 달라졌다. 똑같은 날, 똑같은 일, 똑같은 관계, 똑같은 모습이 아니라 매 순간 달랐다. '지금'이라는 가치의 소중함을 다시 깨닫게 되었다. 글로 정리하는 과정은 삶을 다듬는 과정과 같다. 적확한 표현을 찾고 고쳐 쓰기를 거듭하는 과정이 힘들지만 생각의 날을 세우는 데는 이보다 더 효과적인 것이 없다. 독서는 '지금'을 기르는 자양분이다. 본질을 깨닫는 능력이 키워지고 그만큼 내 삶의 중심은 단단해진다.

칼날을 한 번 간다고 해서 되는 것이 아니듯 매일, 매주, 내달 내 삶이라는 칼을 쓰고 날을 갈아야 한다. 순간의 편안함과 쉬움에 빠져 인생을 낭비하는 무의미한 삶이 아니라, 숫돌에 가는 힘겨움을 통해 보람과 성취가 있는 의미 있는 삶이고 싶다. 내 삶의 숫돌은 좋은 영향을 주고 싶은 삶을 만드는 조물주다.

> 삶의 칼날이 무뎌졌을 때 그 순간을 알아차려야 한다.
> 그리고, 내 삶의 칼날을 갈 '숫돌'이 무엇인지 찾아내고
> 자주자주 날을 갈아주는 삶을 만들어가야 한다.

현실과 이상의 공존

현실과 이상은 충돌하는 것이 아니라

우선순위의 선택의 문제이다.

현실과 이상이라는 용어는 책에서는 참 빈번히 마주치는 것이지만 생활 속에서는 잘 사용되지 않는 어휘다. 그러다 보니 왠지 괴리감이 느껴지고 교과서적인 철학처럼 딱딱하게 느껴진다.

《죽음의 수용소에서》의 저자 빅터 프랭클은 인간이 인간다움으로 존재하기 위해서는 현실과 이상 사이에 긴장을 유지하는 것이 중요하다고 강조한다. 그 이유는 인간은 현실의 '나'와 이상적인 내가 되기 위해 '내가 해야 하는 것'과의 사이에 존재하며, 그 사이의 긴장을 어떻게 적절히 유지하느냐에 따라 인간다운 삶의 모습이 달라지기 때문이라고 한다. 예를 들어 등대는 육지와 바다 사이의 접안지역에 있을 때 안전하게 배를 항구로 유도하여 정박하게 할 수 있다. 그런데 등대를 배에 싣고 다닌다면 어떤 일이 일어나겠는가? 칠흑같이 어두운 망망대해의 밤바다에서 길을 잃게 될 것이다. 이와 마찬가지로 이상 또한 현실과 적절한 거리를 유지해야만 내 인생의 좌표로서 길을 잃지 않게 된다. 왜냐하면 현실과 이상 사이의 긴장을 통해 진정한 의미를 찾게 되고 그 의미를 실현하면서 나아가게 하기 때문이다.

하지만 실제의 삶이 결코 녹록지 않기에 이상은 이상일 뿐 당장의 현실적 문제 앞에서는 힘을 잃고 만다. 지금보다 나아져서 여러모로 여유가 생기면 그때 내가 원하는 삶을 살 거라며 내 삶을 유보한다. 지금은 배부른 소리라고 하기도 하고 '누가 몰라서 안 하나 어쩔 수 없어서 못하는 거지'라고도 한다.

현실과 이상이 충돌하지 않고 공존할 수는 없을까? 프랭클 박사는 그의 또 다른 저서 《삶의 의미를 찾아서》에서 서로 겹쳐 있는 평면상태의 벤다이어그램처럼 현실과 이상은 충돌하는 것처럼 보이지만 삼차원의 공간 상태에서 보면 아래쪽에 현실이라는 구가 있고 그보다 상단에 이상이라는 구가 있다고 한다. 실제 충돌하고 있지는 않지만 빛으로 위에서 투사하면 평면에 나타나는 두 원이 겹친 원으로 보인다는 것이다. 그러면서 현실과 이상은 충돌하는 것이 아니라 우선순위의 선택의 문제라고 제시한다.

바꿀 수 없는 운명은 어쩔 수가 없지만 그 운명을 어떻게 대하느냐에 따라 내 삶이 달라질 수 있다는 것이다. 이를 '태도적 가치'라고 이름 붙이고 인간다운 삶을 살아가도록 하는 가장 중요한 가치라고 말한다. 불가에서도 모든 것은 마음이 짓는 것이므로 내 마음을 달리하면 세상이 달라진다고 하는 것과 결을 같이한다.

우리가 잘 알고 있는 '세 명의 석공' 이야기에서도 엿볼 수 있다. 나그네가 길을 가다가 세 명의 석공이 일을 하고 있는 모습을 보고는 다가가서 묻는다. 첫 번째 석공에게 지금 무엇을 하고 있는지 물으니 "돌을 다듬어 벽돌을 쌓고 있는 것이 안 보이오?"라며 짜증을 낸다. 두 번째 석공에게 물으니 아무 표정 없이 "돈을 벌고 있잖소!"라고 한다. 세 번째 석공은 땀을 뻘뻘 흘리면서도 환하게 웃으며 "나는 지금 역사에 길이 남을 위대하고도 아름다운 성당을 짓고 있소."라고 답한다.

나는 이들 중 어떤 석공의 사람이고 싶은가? 아마도 세 번째 석공이기를 바라지 않을까? 똑같은 일을 하면서도 세 사람의 태도는 모두 다르며 그로 인한 삶도 다를 것이다. 이것이 태도적 가치가 지니는 힘이며 현실과 이상 사이의 긴장 속에서 발견한 의미의 힘이다. 이와 같이 현실과 이상은 충돌하는 것이 아니라 공존할 수 있는 것이다.

　흔히 우리 인간을 호모 사피엔스라 규정하고 성공과 실패라는 양극단을 오가며 살아가는 존재라고 말한다. 하지만 프랭클 박사는 그와 함께 수직으로 선을 긋고 상단에는 충족, 하단에는 절망이 있다고 하며 의미를 충족하기 위해 인내하는 인간 즉 '호모 파티엔스'라고 정의한다.

　수평의 좌우에 실패와 성공, 수직의 상하에 충족과 절망이라는 화살표를 그리면 네 개의 사분면이 나온다. 좌측 상단은 비록 어떤 일이나 상황이 내가 뜻한 대로 성공하지 못하고 실패를 했어도 그 의미를 충족함으로써 인간다움을 회복하는 것이 된다. 우측 상단은 가장 이상적인 바람으로 성공도 하고 의미를 충족도 한 것이다. 좌측 하단은 실패와 의미의 상실로 절망까지 겹친 최악의 상태이고 우측 하단 면은 일에서는 성공했거나 출세를 했을지는 몰라도 의미를 상실하여 인간다움을 잃어버리고 절망의 나락으로 빠지는 상태다.

프랭클 박사는 이것을 실존적 공허라 하며 풍요의 시대에 살고 있지만 멀쩡해 보이는 많은 사람들이 고통을 겪게 되는 원인이라고 진단한다. "삶의 의미가 없어요." 라는 하소연이 여기에서 나오게 된다는 것이다.

현실과 이상 사이의 긴장은
삶의 의미를 발견하게 하여
복잡하고 힘겨운 각자의 인생길에서 길을 잃지 않게 한다.

내가 꿈꾸는 세상

지속적인 교육을 통해 늘 깨어있는 개인과 조직은
잘될 수밖에 없다.

이런 세상을 꿈꿔본다. 끝까지 사람을 책임지는 사회. 기업이든 조직이든 어떤 사회든 구성의 기본이자 중심은 사람이다. 이윤을 키우기보다 사람을 키우는 것에 더 목적을 둔다면 과연 어떤 모습이 될까?

관리자가 가장 다루기 힘든 대상이 퇴임을 얼마 남겨두지 않은 사람이라고 한다. 평생 헌신했으니 이제 마지막에는 그간의 보상을 받고자 하는 마음도 있을 것이고, 얼마 남지 않았는데 무얼 바라고 아등바등할 것인가, 그냥 주는 월급 받고 챙길 것 챙겨서 나가면 장땡이라는 마음도 작용하리라. 마음이 콩밭에 가 있는 사람과 함께 무엇인가 생산적인 결과를 만들고자 하는 것만큼 어려운 일이 또 있을까?

이런 일들이 왜 일어날까?

젊은 시절에 '조국의 미래는 청년의 책임'이라는 슬로건을 가지고 의미 있게 활동하는 단체에 가입해서 나름 가열차게 활동한 시절이 있었다. 나의 삼십대를 불태웠던 시간이 아니었나 싶다. 그때 안타깝게 느꼈던 것 중 가장 중요한 것이 있다. 전국에 380여 개의 활동 조직이 있었는데 목적은 같았으나 그 모습은 제각각이었다는 것이다. 조직의 크기를 얘기하는 것이 아니라 생명력을 이야기하는 것이다.

잘 되는 조직과 그렇지 못한 조직이 있는데 그 면면을 살펴보면 뚜렷한 차이를 발견할 수 있었다. 바로 교육이다. 활동의 성과가 조직의 성패를 좌우하는 것도 숨길 수 없는 사실이지만 그것보다 선행되어야 하는 것이 우리가 이것을 왜 하는지에 대한 궁극적인 목적을 아느냐 모르느냐가 더 중요한데 이것은 지속적인 교육을 통해 늘 깨어있는 상태가 되었을 때 이룰 수 있는 일이기 때문이다.

개인이나 조직이나 정체성을 잃어버리면 그 생명은 다한 것이라 할 수 있을 텐데 양적 팽창에 눈이 멀게 되면 처음의 마음은 묻혀버리고 일종의 가십거리에만 매몰되어 방향을 놓치게 된다. 예를 들어 어린이날을 맞이하여 내일의 희망인 아이들에게 동심을 느끼게 하고 자신의 소중함과 호기심을 마음껏 발산하여 스스로 탐구하는 맛과 성취의 경험을 갖게 하고자 기획한 행사가 있다고 하자. 본래의 목적인 아이들과 프로그램에는 집중하지 않고 지역의 유명인사가 얼마나 참석할지, 언론에는 주관한 단체에 대해 기사를 어떻게 내보낼지, 예산의 규모가 행사의 규모와 성패를 단정 짓기라도 하는 듯 얼마나 많은 예산을 확보할 것인지, 행사에 참여할 인원을 얼마나 동원할지, 그로 인해서 우리 조직이 얼마나 대단한 조직인지 알릴지 등에 더 관심을 기울인다면 어떤 모습이 되겠는가. 그것도 매년 정기적으로 개최하는 행사라면 말이다.

한두 번 정도는 겉보기만큼 성공한 것처럼 보이지만 외형의 무게를 감당하는 것이 버거워 점점 꼼수를 쓰게 되고 회원들의 활동에 대한 부담감은 커져갈 것이다. 내용 없는 보여주기식 프로그램은 행사의 주인공인 어린이와 학부모로부터 외면을 받게 된다. 결국 무엇을 위한 행사인지는 온데간데 없어지고 그들만의 아우성으로 둑은 서서히 금이 가지 않을까.

실제 이런 일들이 여러 조직에서 일어났고 예전의 명성만 믿고 안일하게 활동하다가 결국에는 회원확충에도 힘에 겨워 간판만 겨우 유지하는 처지로 전락한 곳이 한두 군데가 아니다. 한때의 전성기는 술자리에서 나누는 추억담이 되고 조직의 번영과 함께했던 회관은 회원들의 활기찬 발길이 아니라 무성한 풀들만이 자리를 지키게 된다.

개인은 말할 것도 없고 조직이든 회사든 사회든 그것을 지탱하고 발전시켜 그 자체의 모습을 만들어 나가는 모든 일은 사람이 한다. 그렇기에 사람을 키우고 보존하는 일을 소홀히 할 수 없다. 하지만 사람보다 성과와 명성 또는 이윤이 우선이 되고 그것을 키우려고 하는 순간 주객이 전도되어 물을 거꾸로 흐르게 하려는 것과 같이 된다. 어찌 원하는 방향으로 갈 수 있을 것이며 그 자체의 모습이 될 수 있을 것인가.

사람을 키우기 위해서는 정체성을 망각하지 않고 변화를 받아들이고 선도해 나갈 수 있는 교육이 근본이 되어야 한다. 한 사람 한 사람이 그 자체로 고유한 개인이자 조직이고 사회라는 존엄함을 교육을 통해 스스로 깨닫고 느낄 수 있는 환경이 강물처럼 흘러 자연스럽게 그 속에서 노닐도록 해야 한다.

직무중심의 스킬이 아니라 나는 왜 존재하는가, 우리는 왜 존재하는가, 우리가 하는 일은 왜 존재하는가, 우리 조직은 왜 존재하는가, 그렇다면 어떻게 존재해야 하는가에 대해 끊임없이 묻고 답하고 행동하는 그런 교육을 말이다.

그렇게 된다면 자연스럽게 개성과 정체성의 꽃은 그 순간 순간 피어날 것이며 그 향기는 정년퇴임을 앞둔 사람에게든 그 일이 필요한 사람에게든 그 일의 결과로 향유하는 사람에게든 깊숙이 배어들어 널리 널리 퍼져 나가지 않을까.

개인이나 조직이나 정체성을 잃어버리면 생명은 다한 것이다.
변화를 받아들이고 선도해 나갈 수 있으려면
교육이 근본이 되어야 한다.
존재의 이유와 방법에 대해 끊임없이 묻고 답하고
행동하는 교육이 우리에게는 필요하다.

인생의 찌꺼기를 없애기 위해

물에 비친 달그림자처럼

살아가는 인생

배수구에 찌꺼기가 쌓이는 것을 방치하면 꽉 막혀버린다. 하수물이 빠지지 못하게 되고 고인 물은 난장판을 이루다 썩게 된다. 더 이상 그 공간은 제기능을 하지 못한다. 인생의 배수구도 마찬가지다. 쌓이면 막히게 되고 흐르지 못하면 삶은 생명력을 잃게 된다. 인생의 찌꺼기는 무엇일까? 살면서 겪게 되는 갖가지 일들에 대한 녹지 못한 감정들이다. 결국 풀리지 않는 마음이 찌꺼기가 된다.

불가에서는 이것을 번뇌라 부른다. 번뇌에서 자유로운 상태가 해탈이다. 무비스님은 번뇌를 없애려면 물에 비친 달그림자처럼 살아야 한다고 한다. 애초에 달은 물에 비칠 의도가 없이 제자리에 뜨고, 물 또한 달그림자를 담을 뜻이 없이 그 곳에서 비치는 대로 담을 뿐이다. 달은 기울면서 물에 비친 그림자에 미련을 두지 않고 물 또한 사라지는 달그림자를 그리워하지 않는다. 다시 기러기 떼가 날아가면 그 모습을 담담히 담았다가 떠나가면 언제 그랬냐는 듯 평온하다. 세상사 인연을 이렇게 대해야 번뇌가 없이 자유로울 수 있다고 한다.

　참으로 무심하게 들린다. 정이라고는 찾아볼 수 없는 각박한 모습이다. 달과 물처럼 자연계와는 다르게 우리 인간계에는 마음과 감정이라는 것이 있다. 마음이 번뇌를 일으키는 것이 사실이기는 하지만 삶에 의미를 부여하여 고귀한 생을 이끌게도 한다. 또한 '아픈 만큼 성숙한다.'라는 말이 있듯이 시련과 상실이 고통을 주기도 하지만 깊은 인생을 만드는 시금석이 되기도 한다. '대추 한 알'이라는 시에 담긴 뜻도 그러하리라.

　만남과 헤어짐, 얻음과 잃음, 채움과 상실 사이에 미련과 흔적이 남게 마련이다. 있다가 없어졌다고 해서 '없음'이 되는 것이 아니라 '있지 않음'이 되어 그 가운데 그리움과 괴로움이 쌓인다. 이러한 마음을 어떻게 물에 비친 달그림자처럼 대할 수 있으랴.

중생이 부처님의 큰 뜻을 어찌 다 헤아릴 수 있을까 마는 자비로우신 부처님께서 그렇게 정 없는 말씀을 하신 것 같지는 않다. 그리움과 괴로움의 번뇌가 어디에서 오는 것이고 그 번뇌에서 헤어나기 위해서는 이런 이치를 깨달아야 한다는 것을 비유적으로 표현하신 건 아닌가 싶다. 그래야만 덜 괴롭게 살 수 있으니까.

번뇌의 모든 것은 마음이 만드는 것이다. 그런 마음을 가진 인간은 마음이 만드는 것에서부터 애초에 자유로울 수는 없을 것이다. 다만 정도를 조절할 수 있는 지혜를 키울 수는 있을 것이다. 그럼 어찌해야 할까?

다시 부처님 말씀을 빌리자면 '내려놓기'가 필요하다. 마음을 내려놓아야만 한다. 근데 정작 마음을 어떻게 해야 내려놓을 수 있는지 알지 못한다. 손에 든 물건은 놓아버리면 된다. 하지만 보이지도 잡히지도 않는 마음은 물건 내려놓듯이 할 수가 없다. 내려놓아야 편해진다는 사실을 알고 있지만 그 방법을 모르니 답답한 노릇이다.

내려놓지 못한다면 잡지 않으면 되지 않을까? 그리움이든 괴로움이든 내 마음이 애초에 일으키는 것은 자의로 막을 수 없을 것이다. 이렇게 생긴 마음을 잡지 않아야 한다. 잡지 않는다는 것은 처음 생긴 마음을 키우지 않는 것이다.

그리운 사람이 생각나면 참 그립다 하면 되는데 그 사람과 있었던 지난날을 떠올리고 잘하지 못한 것, 했었어야 했는데 다음에 하자고 미루다 영영 하지 못하게 된 일들 등을 끊임없이 생각하며 후회하고 미안해하며 빠져나오지 못하는 것이 잡고 있는 상태다. 나를 화나게 하는 사람의 경우도 마찬가지다. '나에게 어떻게 그럴 수 있지?' 부터 시작해서 꼬리를 물고 확장시켜 나가게 되면 헤어나올 수가 없다.

우리는 인간이므로 처음 생긴 마음을 붙잡게 되는 것도 당연하다. 중요한 것은 오래 붙잡고 있어서는 안 된다는 것이다. 20kg의 쌀을 처음 들 때는 약간의 무게감은 느껴지지만 들 만하다. 하지만 오 분, 십 분, 한 시간 계속 들고 있으면 그 무게는 200kg, 2000kg으로 계속 늘어나 죽을 것만 같다. 이와 같은 이치일 것이다. 처음 생긴 마음을 붙잡고 계속 생각의 꼬리를 물고 물어 확장시켜 나간다면 같은 상황이 될 것이다.

애초에 일어난 마음은 우리의 의지로 막을 수는 없지만 얼마나 오래 붙들고 있을 것인가는 의지에 달려있는 것이 아닐까? 그리고 그 의지 또한 마음이다. 물에 비친 달그림자처럼 하지는 못하더라도 내 존재의 의미와 그 상황과 상대에 대한 진정한 의미를 깨닫는다면 잡고 있는 마음을 놓을 수 있지 않을까? 그리고 놓은 상태에서 바라볼 수 있지 않을까? 그러면 잡고 있을 때보다는 덜 힘들게 내 마음이 일으키는 것을 대할 수 있지 않을까? 덜 힘든 마음은 내 인생의 배수구에 여전히 남아 있겠지만 통째로 막아서 배수불능이 되지는 않을 것이다.

그럼에도 불구하고 나는 지금 얼마나 많은 달그림자를 매달리듯 붙잡고, 그리워하고 괴로워하고 있는가?

> 인생의 찌꺼기, 번뇌에서 자유로우려면 어떻게 살아야 할까?
> 번뇌의 모든 것은 마음이 만드는 것이다.
> 내려놓기 연습을 매번 해야 하는 이유이다.

오늘 내가 보낸 하루에 제목을 붙인다면

아까운 시간, 텅텅 빈 상태의 하루가 아니게

만들어가는 연습

오늘이 주는 의미는 내가 살아 있음을 증명하는 동시에 내 삶이 존재하고 있다는 것을 깨닫게 해주는 것이다. 오늘은 어제 죽은 이들이 간절히 살고자 희망했던 내일이라는 말도 있지 않은가. 오늘에게 초대 받지 못한 삶이 얼마나 많을 것인가.

하지만 대부분의 우리들은 오늘이라는, 하루라는 시간적 의미를 그리 절박하게 여기지 않는다. 오늘이 지나면 또다시 내일이 있다는 것을 별 의심없이 당연하게 생각하고 받아들인다. 오늘 하루 그냥 저냥 보내는 시간들을 남아 있는 많은 날들에 위안 받으며 흘려보내기 십상이다.

'내일부터 시작하면 되지 뭐. 오늘은 아무 생각 없이 있자.

귀찮아. 피곤해. 오늘뿐인가. 새털같이 많은 날 하루쯤 논다고 달라질 게 뭐 있겠어.'

그렇게 낭비하는 시간들이 과연 오늘 하루뿐일까. 하루가 모여 한 달이 되고 일 년이 되고 전 생애가 되는 것을 우리는 알면서도 순간순간 잊어버리고 살아간다.

한 번 지나간 시간은 내 생애 두 번 다시 돌아오지 않는다. 2024년 3월 12일 16시 58분 27초에 사무실 내 방에 앉아서 글을 쓰고 있는 이 시간과 장소 그리고 모습과 생각은 내가 아무리 전지전능한 힘이 있더라도 두 번 다시 똑같이 만들어낼 수가 없다. 흘러가는 것이 시간이고, 그 흘러가버린 시간과 모습은 결코 잡을 수도 재생할 수도 없기 때문이다.

그렇다고 안타까워할 일도 억울해할 일도 아니다. 지금부터 어떻게 채우느냐에 따라 나의 시간으로 만들 수도 있고 내 생애 없는 시간으로 만들 수도 있으니 말이다.

그럼, 하루를 어떻게 하면 아깝지 않게, 텅텅 빈 상태가 아니게 만들어나갈 수 있을까? 늘 반복되는 어제와 같은 오늘이 새로운 의미를 가질 수 있도록 할 수 있을까.

내가 만들고 싶은 나의 하루와 내 모습을 그려보자. 그리고 시간 기억자가 아닌 시간 기록자가 되어보자. 기억은 오늘을 왜곡시키지만 기록은 오늘을 사실로 보여주기 때문이다. 기록을 통해 오늘 내가 한 일들이 나에게, 일에게 또 상대에게 무엇을 만들었는가를 생각해보자. 낭비한 것은 낭비한 대로 생산한 것은 생산한 대로 말이다. 그리고 내가 만들고 싶었던 하루와 만나게 하자. 그런 후 오늘 내가 보낸 하루에 제목을 붙여보자.

이러한 **오늘을 길게 이어 붙여본다면 인생의 큰 그림이 된다.** 그 그림이 오늘 하루 내가 만들고 싶었던 모습에 가깝다면 지속해 나가고 그렇지 않다면 수정해 나가는 것이다. 이것이 내가 꿈꾸는 삶, 즉 나의 꿈이라고 할 수 있을 것이다. 하루 히루 붙인 제목은 나의 묘비명이 될 것이다.

이렇게 산다면 나의 하루는, 나의 삶은 어떤 모습이 될까?

내가 만들고 싶은 나의 하루와 내 모습을 그려보자.
기록을 통해 오늘 내가 한 일들이
나에게, 일에게 또 상대에게 무엇을 만들었는가를 생각하자.
오늘 내가 보낸 하루에 제목을 붙이고 그 하루하루가 쌓이면
나의 묘비명이 될 것이다.

지나온 날과 남은 날

인생 후반기에는 삶을 통해 받은 것을
삶을 통해 돌려주어야 한다.

동쪽으로 그림자가 드리우기 시작하면 잠시 멈추고 돌아봐야 한다. 그림자 따라 동쪽을 더듬어보고 다시 나를 비추는 태양이 있는 서쪽을 봐야 한다. 지나온 날과 남은 날을 생각해봐야 한다. 생각해봐야 할 것은 물론 나의 삶이다.

첫 번째 '나는 무엇을 위해 살아가고 있는가?'이다. 나는 지금껏 무엇을 위해 살아왔고 앞으로 무엇을 위해 살아갈 것인가에 관한 문제다. 참으로 막연해지는 질문이다. 멍해진다. 분명히 열심히 살아온 것 같기는 한데 무엇을 위해 살고 있는가에 대한 질문에 두 눈만 껌벅일 뿐이다. 그냥 살았는데 라는 생각이

든다. '그냥 살았다'는 말은 특별한 게 있었던 것이 아니라 '남들처럼 살았다'라는 뜻이 아닐까?

여기에서 이야기하는 남은 어떤 사람일까? 여러 가지 모습이 있겠지만 그중에서 나에게 없는 것을 가지고 있는 사람이라는 뜻이 아닐까. 고로 '그냥 남들처럼 살았다'라는 말은 '남들을 보면서 남은 가지고 있는데 나에게는 없는 것을 갖기 위해 애쓰면서 살았다'라는 말이 되지 않나 싶다. 그리고 그것을 갖는 순간 또 다른 남이 보이고, 또 다른 남을 보면서 남들처럼 살기 위해 열심히 하지 않았나 싶다. 왜 그런지는 모르겠지만 꼭 그렇게 해야만 뒤처지지 않고 잘 사는 것 같은 생각이 들어서 말이다. 전체의 모습은 아니지만 일정 부분 이런 생각으로 살아온 것을 온전히 부인하기는 어려운 것 같다.

그렇다면, '지금처럼 살다가 간다면 내 삶의 자리에는 무엇이 남게 될 것인가?' 라는 질문이 생긴다. 지금까지 살아오면서 내가 쌓아온 경력, 부, 명예, 일, 성과, 다양한 관계 속에서 만들어진 나의 이미지 등은 과연 어떤 모습으로 기억될까? 내가 살다 간 자리에 남겨진 모습이 마음에 드는지도 살펴볼 필요가 있다. 이것이 동쪽에 드리워진 나의 그림자의 모습이 아닐까?

그럼, 이제 서쪽을 바라보면서 다시 '나는 무엇을 위해 살아갈 것인가?'를 진지하게 물어봐야 한다. 왜냐하면 걸어온 날보다 걸어갈 날이 짧게 남아 있다면 이제는 열심히 걸어나가는 것도 중요하지만 마무리하면서 나아가는 것도 중요하기 때문이다. 그리고 인생의 마무리는 단 한순간에 정리할 수 있는 것이 아니라 살아온 날만큼 긴 시간을 투자해야만 제대로 된 마무리를 할 수 있다. 그리고 그 마무리는 받은 것을 돌려주는 방식이 되어야 할 것이다.

우리는 인생의 전반기까지 세상으로부터 참 많은 것을 받았기에 지금의 내가 될 수 있었다. 내가 원했든 원하지 않았든 말이다. 부모님으로부터 생명을 받고 보살핌을 받으면서 교육의 기회를 받았고, 위험으로부터 안전하게 보호받을 수 있는 사회적 시스템을 받았고, 나의 능력을 펼칠 수 있는 기회를 제공 받아서 내 삶을 만들어나갈 수 있는 환경을 받았다. 그 속에서 내면의 나를 다질 수 있는 다양한 기회 또한 받았다.

인생의 후반기에는 삶을 통해 받은 것을 삶을 통해 돌려주어야 한다. 즉 나를 위한 삶에서 타인을 위하는 삶으로 전환을 해야 한다고 생각한다. 이것이 자연계의 순리이지 않을까.

그럼, 어떻게 해야 할까?

첫 번째는 이러한 자연계의 순리를 마음으로 받아들이고 다른 사람을 위하는 삶을 살고자 다짐하는 것이다. 이것은 새롭게 할 필요가 없다고 생각한다. 왜냐하면 이미 오래 전부터 내 안에서 그렇게 살자고 계속 소리치고 있었기 때문이다. 치열한 일상의 소리에 묻혔던 내 내면의 소리에 귀 기울이고 그대로 따르면 될 일이라 생각한다.

두 번째는 내가 가장 잘할 수 있고 좋아하는 것을 통해 베푸는 것이다. 위하는 마음만 앞서서 나에게 없는 것을 가지고 무리하게 하려고 하면 힘들고 쉽게 지쳐서 제대로 하지도 못할뿐더러 오래 지속하지도 못한다. 내가 지금 잘하고 좋아하는 것은 사회의 도움을 받아서 내가 키워온 나의 재능이다. 내가 받아서 가지게 된 것을 통해 베푸는 것이 중요하다. 그래야만 생이 다하는 날까지 지속할 수 있다. 그렇게 하려면 나 혼자 하는 것보다는 함께 하는 것이 훨씬 효과적일 것이다. 우리는 혼자일 때보다 함께일 때 훨씬 더 위대해지기 때문이다.

우리는 스스로 훌륭한 사람이 되고 싶어 한다. 내가 살다간 자리에 그런 사람으로 남겨지고 싶다. 우리는 평소 자기만을

위하는 사람보다는 다른 사람을 위하는 사람을 더 훌륭하다고
여긴다. 나 또한 마찬가지다. 나는 내 삶의 자리에 다른 사람에
게 좋은 영향을 주기 위해 살다가 간 훌륭한 사람으로 남고 싶
다. 소중한 사람들과 함께.

우리는 인생의 전반기까지 세상으로부터 참 많은 것을 받았다.
내가 원했든 원하지 않았든 그렇게 지금의 내가 되었다.
인생의 후반기에는 삶을 통해 받은 것을 돌려주어야 한다.
나를 위한 삶에서 타인을 위하는 삶으로 전환해야 한다.
이것이 자연계의 순리이다.

또 다른 나의 동반자

기타를 닮은 사람들과 황혼의 노을을 바라보며

함께 걸어갔으면 좋겠다는 바람

기타와 처음 인연을 맺은 것은 고등학교 때다. 갇힌 생활에 갑갑해하던 나에게 그나마 숨통을 열어준 게 기타다. 양희은의 '이루어질 수 없는 사랑'을 배우며 잠시 헤어져 있었던 첫사랑의 아픔을 절절하게 겪는 비극의 주인공이 되기도 하고 휘버스의 '가버린 친구에게 바침' 이라는 곡을 배우며 우정과 의리의 화신이 되기도 했다. 서투른 실력이지만 폼생폼사에 우쭐했고 나름의 낭만이라는 감상에 젖어 남다른 고교시절을 보냈다.

대학에 진학하고 군에 입대하면서 다시 갇힌 생활이 시작되었다. 자대배치를 받고 내무반에 들어섰을 때 익히 풍문으로 접한 군기에 대한 긴장으로 몸이 굳었지만 휴게실 한켠에 세워진 기타를 보면서 여기도 사람 사는 곳이구나 라는 생각에 안도했었다. 쫄병 시절에는 감히 엄두도 내지 못했지만 고참이 되면 나도 여유롭게 휴게실에 앉아 기타를 칠 수 있을 것이란 희망에 고된 시절을 견딜 수 있었다.

졸업하고 사회인이 되면서 점차 기타와 멀어진 시간이 20년도 훌쩍 넘어버렸다. 내 나이 오십이 되던 해, 그동안 멈춰있던 기타에 대한 욕망이 자연스럽게 실용음악학원으로 향하게 했다. 처음에는 단순히 예전의 기억과 아쉬움 그리고 약간의 애착으로 시작했지만 5년이 지난 지금은 일상의 중요한 부분이 되었다.

굳은 손이 예전 같지 않아서 실력이 쑥쑥 늘지는 않지만 이제 기타는 또다른 나의 동반자가 된 느낌이다. 어린 시절의 기타는 폼 잡고 과시하는 액세서리였다면 지금의 기타는 희로애락의 시간을 함께하는 소중한 친구이자 마음으로 대화하는 연인이 되었다. 왜냐하면 내가 슬프면 기타도 내 마음을 읽고 애절한 소리로 화답해주고 즐거우면 밝은 소리로 기분을 업시켜주면서 때론 슬픔을 함께하고 때론 기쁨을 함께 나누기 때문이다. 굳이 이렇다 저렇다 설명하지 않아도 내 손끝을 통해 나의 상태를 직감적으로 이해하고 어떠한 주저함도 거리낌도 없이 동화되어 마음을 어루만져준다. 게다가 함께 기타를 즐기는 이들과 또다른 추억을 만들고 소통하는 열린 문의 역할도 해준다.

언제부터 나는 입버릇처럼 말한다. 나의 노후는 한쪽 어깨에는 기타를, 다른 어깨에는 노트북을 매고 풍경 좋은 곳에서 글을 쓰다가 기타를 치면서 조용히 노래 한 곡조 읊조리면서 보낼 것이라고. 그러면서 기타를 닮은 사람들과 황혼의 노을을 바라보며 걸어갔으면 좋겠다는 바람이 있다. 늙어가는 모든 생명에는 생기의 물이 빠져나가 메마르기 십상이다. 육체의 현상이야 자연의 섭리를 거스를 순 없겠지만 마지막까지 기타 선율과 그 선율이 자아내는 울림통의 진동이 정신과 마음에 물을 주어 촉촉하고 보드랍게 되길 바래본다.

그러면 나도 누군가에게 기타를 닮은 사람이 될 수 있지 않을까.

• • •

인생의 반환점을 돌고 있다면, 특히나
일상을 환기해줄 멋진 취미, 또 다른 동반자 하나쯤
가져보는 것도 좋다.

최고의 인생작

이 세상에서 가장 특별한 것은

나의 일상이다.

    토요일 아침 일찍 눈이 떠졌다. 침대에서 가볍게 몸을 일으켜 막내 방으로 향한다. 고3이라서 토요일이지만 매주 등교를 한다. 몇 번 꼼지락거리며 뒤척이더니 이내 일어나서 욕실로 들어간다. 휴일에 대한 아쉬움 때문일까, 작은 투정이라도 부리고 싶은 걸까, 밍기적거리다가 셔틀버스를 놓치고 태워달라고 한다. 이것도 하나의 별미다. 학교까지 가는데 걸리는 5분의 시간이 데이트하는 기분이 들기 때문이다. 별 시덥잖은 이야기지만 별 시덥잖은 이야기이기에 더 친근하다. 꼭 할 말이 있을 때만 얘기를 나누는 사이라면 얼마나 재미없고 메마르고 형식적인 관계이겠는가.

돌아와 쌓여 있는 빨래를 세탁기에 넣고 세제를 붓는다. 새로 구입한 섬유유연제의 뚜껑을 따는 순간 로즈향이 코끝을 지나간다. '이번 것은 향이 더 좋은데! 잘 선택한 것 같아.' 흐뭇하다. 뽀송하게 마른 옷에 배어 있을 향을 생각하며 동작 버튼을 누른다. 베란다로 들어오는 햇볕에 기분이 좋아진다. 하늘은 구름 한 점 없이 깨끗하다.

슬리퍼를 끌면서 밖으로 나온다. 담배 한 개비를 피워 무는데 어디선가 익숙한 노래가 바람을 타고 넘어온다. 이문세의 '사랑은 늘 도망가' 다. '앗, 어디서 들려 오는 거지' 잠시 두리번거리다 이내 몸과 마음이 자연스럽게 음악을 타고 흐른다. 순간 이런 생각이 온몸을 감싼다. '뜻하지 않은 곳에서 뜻하지 않게 내가 좋아하는 노래가 흘러나오면 반갑다. 절로 미소가 지어지고 설레인다. 나도 누군가에게 그런 노래와 같은 사람이고 싶다. 맑은 바람이 화창함을 더하는 날에는 더욱더.'

이 세상에서 가장 특별하고도 대단한 것은 나의 일상이다. 그 일상의 자연스러움을 특별한 힘 들이지 않고 하나하나 느끼고 해나가는 과정을 온전히 함께할 수 있다면 이보다 더한 행복이 있을까. 우리의 생은 대부분 일상의 일들과 일상을 함께하는 사람들로 이루어진다. 일상의 일들과 일상을 함께하는 사람들과의 관계의 질이 인생의 질을 좌우하고 행복의 순간을 결정한다.

그렇기에 일상의 일들이 반갑고 설렌다면 그 삶은 어떠하겠는가. 새로움은 새로운 것이기에 새로운 것이 아니다. 늘 보고 겪지만 그 속에서 새로운 것을 발견할 때 새로워지는 것이다. 이때의 새로움은 반가운 새로움이고, 설레는 새로움이다. 일상의 황홀함이다. 익숙함에 길들여져 눈과 귀와 다른 감각이 무디어지는 순간 삶은 빛을 잃게 된다.

다시 아침 등교길에 막내랑 즐긴 5분의 데이트와 별 시덥잖은 얘기속의 친밀함을 떠올려본다. 이 순간을 무엇과 맞바꿀 수 있을까. 이 순간은 얼마를 줘야 살 수 있을까. 이 순간을 두 번 다시 되돌릴 수 있을까.

이것이 진정한 일상이 주는 새로운 발견이고 최고의 인생작이지 않을까.

일상이 주는 새로운 발견이자 최고의 인생작,
당신의 인생작은 무엇인가요?

21세기가 시작되면서 우리 사회를 휩쓸아쳤던 기류는 바로 '웰빙'이었다. 어딜 가나 웰빙이란 말이 필수로 나붙었다. 특히 의식주와 관련된 곳에서는 더더욱 이러한 현상이 강했고 급기야는 '참살이'라는 순수 우리말이 공모전을 통해 채택되었다.

그리고 20여 년이 지난 지금, 신기하리만큼 이 단어가 사라졌다. 왜일까?

20년도 채 안 되는 짧은 기간 동안 웰빙이 우리 사회에 정착했기 때문이다. 대부분의 사람들이 웰빙의 중요성을 인식하고 각자 자신에게 맞는 방법으로 적용하고 있기에 굳이 '웰빙 합시다'라고 강조할 필요가 없어진 것이다.

그럼, 웰빙보다 몇백 배, 몇천 배는 더 우리 삶에 영향을 미치고 삶의 질을 좌우하는 '소통'은 어떠한가? 인류의 성인들이 출현한 이후 2500년이 지난 지금까지도 '소통'의 문제는 해결되지 못하고 여전히 우리를 괴롭히고 있다. 이유가 무엇일까?

필자의 좁은 소견으로는 웰빙은 기호의 문제이고 선택의 문제이지만 소통은 인간의 됨됨이, 즉 그릇 크기의 문제이기 때문이다. 웰빙은 나의 기호에 맞게 선택하면 되지만 삶의 그릇을 만드는 일은 선택한다고 해결되는 문제가 아니다. 마트에서 내가 필요한 물건을 골라 구입하는 것과는 다른 것이다.

삶의 그릇을 키우는 일은 나를 이해하고 상대를 이해하는 일이다. 그리고 수용하는 일이다. 말은 쉽지만 행하기는 매우 어렵다. 그렇다고 낙담할 일이 아니다. 2500년 동안 해결하지 못했다고 해서 모두가 그런 것도 아니다. 본문에서 밝힌 대로 나의 뜻을 세우고 그 의미를 실현하기 위해 한 걸음 한 걸음 나아가는 것이다. 어제의 나와 조금씩 좋아지고 있는 오늘의 나를 느끼면서 말이다.

나를 참다운 나로 가꾸는 일만큼 가치 있는 일이 어디에 있겠는가. 그로 인해 소중한 사람들과 아름다운 일상의 꽃을 피우는 것만큼 의미 있는 일이 어디에 있겠는가.

이 모든 것은 바로 내가 할 수 있는 일임을 잊지 않았으면 좋겠다. 그 길을 가는데 이 한 권의 책이 조금이나마 도움이 되기를 바랄 뿐이다.

책을 마무리하면서 예전에 어느 노스님과의 만남에 대한 일화를 소개하고자 한다.

수업 중 한 수강생의 발표를 통해 경주 남촌에 있는 보문선원의 대허스님의 일화를 알게 되었다. 내용은 다음과 같다.

지금으로부터 20년 전 일이다. 정월 초하루 법회가 열리고 있는 중이었다. 세상을 여는 목탁소리와 함께 스님의 낭랑하면서도 영혼을 깨우는 깊은 울림의 불경이 이어지고 있는 와중에 바깥에서 갑자기 환한 빛이 법당 안으로 비쳐들어왔다.

한 신도가 무슨 일인가 싶어 밖을 나가 보니 스님이 거처하고 계시는 요사채가 불에 활활 타고 있었다. 순간 정신이 아득하여 불이야 하고 외쳤다. 도량은 아수라장으로 변하고 법회를 보던 신도들이 모두 뛰어나와 불길을 잡기 위해 허둥거렸다. 119가 오고 겨우 불은 껐지만 이미 집은 전소된 상태였다.

그때까지 법당 안에서는 스님이 치는 목탁소리와 불경이 계속되고 있었다. 불경을 모두 마친 스님께서 그제서야 법당에서 나오셨다. 상기된 신도들은 스님께서 기거하고 계시는 곳이 모두 타버렸는데 어찌 나오시지 않고 예불만 드리고 있었느냐며, 아끼는 물건이며 소중한 자료들이 많이 있었을 텐데 다 타버려서 어찌하느냐며 안타까워했다.

그때 스님께서는 담담한 목소리로 이렇게 말했다고 한다.

"인연이 다한 것은 떠나가기 마련입니다."

순간, '어떤 분이실까, 아무리 수행을 하신 분이라도 이렇게 하기가 쉽지 않았을 텐데, 그리고 20년이 지난 후이니 지금은 또 어떤 모습일까'라는 생각이 들면서 꼭 한번 뵙고 싶었다. 그래서 아직도 그곳에 계신지를 물어봤더니 그렇다고 했다.

그 다음날 바로 보문선원으로 차를 몰았다. 진평왕릉 바로 맞은편에 자리하고 있었다. 아담한 규모에 법당 옆에는 다래나무가 넝쿨을 이룬 채 초록의 다래가 탐스럽게 주렁주렁 열려 있었고 맞은편에는 키위나무가 마찬가지로 넝쿨을 이룬 채 많은 열매를 달고 그 아래로 시원한 그늘을 만들고 있었다.

스님을 만날 인연이었는지 다행히 뵐 수 있었다. 반듯한 이마에 갈매기 주름이 여러 개 있고 눈매가 깊으며 아직도 날선 콧날이 수행자로서의 기품을 느낄 수 있었다.

여차한 인연으로 이렇게 찾아뵙게 되었다고 말씀드리니 따뜻한 차와 함께 법문을 해주셨다.

"산은 산으로 찾아든 모든 것을 품어주기에 산이 될 수 있고, 물은 물을 찾아온 모든 것을 보듬어주기에 바다가 될 수 있다. 무릇 사람들이 원하는 것이 산과 같은 사람, 바다와 같은 사람이라고 말은 하는데 행실은 그렇지 못하니 번뇌가 쌓인다.

사람들은 행복하기를 바란다. 그런데 그 행복을 싸워서 얻으려고 한다. 행복은 얻으려고 해서 되는 것이 아니라 줄 때 되는 것인데 주는 것 중에 최고가 져주는 것이다. 싸워서 이기려 하지 말고 져주면서 받아들이면 그것이 진정한 행복의 승리자가 되는 것이다. 더 이상 져줄 것이 없는 마음이 바로 부처의 마음이다."

그리 특별할 것이 없는, 늘 우리가 들어왔고 알고 있는 내용이지만 이를 몸으로 말하기는 정말 어렵다. 20년 전 화염 속에서도 마음을 잃어버리지 않으셨던 스님의 그 후 20년의 수행의 발걸음이 하신 말씀이기에 울림은 더 크게만 느껴졌다.

품는 마음!
나를 산과 바다와 같은 사람으로 기르는 동시에 행복한 사람이 되는 길임을 다시 한 번 몸으로 되새겨본다.